Karl-H[illegible] Keller

# Das Üb[illegible] 5



Name: ______________________

Klasse: ______________________

**Bestell-Nr. 5504-54 · ISBN 978-3-619-55454-6**



Internetadresse: www.mildenberger-verlag.de
E-Mail: info@mildenberger-verlag.de

Auflage 5 4 3 2
Jahr 2016 2015 2014 2013



**Bezugsmöglichkeiten**
Alle Titel des Mildenberger Verlags erhalten Sie unter:
www.mildenberger-verlag.de oder im Buchhandel.
Jede Buchhandlung kann alle Titel direkt über den Mildenberger Verlag beziehen. Ausnahmen kann es bei Titeln mit Lösungen geben: Hinweise hierzu finden Sie in unserem aktuellen Gesamtprogramm.

Druck: Appel & Klinger Druck und Medien GmbH, 96277 Schneckenlohe
Gedruckt auf umweltfreundlichen Papieren

**Mildenberger Verlag**

# Trainingsregeln

**1.** **Trainiert täglich etwa 5 bis 10 Minuten.**

**2.** **Trainiert gemeinsam in der Klasse.**

**3.** **Trainiert so, dass …**

**… einer nach dem anderen laut vorrechnet alle mitrechnen (kontrollieren) und das Ergebnis aufschreiben.**

Die Beherrschung der Grundrechenarten ist Voraussetzung für einen erfolgreichen Mathematikunterricht. Dieses Ziel lässt sich am besten erreichen, wenn nach den oben genannten Regeln trainiert wird.

Nur durch konsequentes **tägliches Training**, bei dem wichtige Verfahren immer wieder aufgegriffen werden, ist eine wesentliche Verbesserung der Rechenleistungen zu erreichen.

In jeder Unterrichtsstunde sollte **5 bis 10 Minuten** trainiert werden. Mindestens die Hälfte der für das Kopfrechnen vorgesehenen Zeit soll für das **gemeinsame Üben** verwendet werden.

Gehören verschiedene Aufgabentypen zum täglichen Pensum, sollten von jedem Typ einige nach den **Trainingsregeln** bearbeitet werden.

Das gemeinsame Training ist deshalb so wichtig, weil nur dadurch gewährleistet ist, dass die Schülerinnen und Schüler sich die **richtigen** Rechenwege, Sprech- und Schreibweisen einprägen.

Beim täglichen Kopfrechnen müssen auch die **Kontrollmöglichkeiten** (Tauschaufgaben, Umkehraufgaben, Überschlag …) mit geübt werden. Alle kontrollierten Aufgaben sollen mit einem roten Haken (✓) markiert werden. Eine zusätzliche Kontrollmöglichkeit bietet das integrierte **Lösungsheft**.

1

| · | 2 | 5 | 10 |
|---|---|---|---|
| 5 | | | |
| 10 | | | |
| 2 | | | |
| 4 | | | |
| 8 | | | |
| 3 | | | |
| 6 | | | |
| 9 | | | |
| 7 | | | |
| 0 | | | |
| 1 | | | |
| 11 | | | |

2

| : | 10 |
|---|---|
| 90 | |
| 70 | |
| 50 | |
| 20 | |
| 40 | |
| 30 | |
| 80 | |
| 10 | |
| 0 | |
| 60 | |
| 100 | |
| 120 | |

3

| : | 5 |
|---|---|
| 10 | |
| 50 | |
| 25 | |
| 40 | |
| 20 | |
| 15 | |
| 5 | |
| 30 | |
| 45 | |
| 35 | |
| 0 | |
| 60 | |

4

| : | 2 |
|---|---|
| 4 | |
| 16 | |
| 8 | |
| 0 | |
| 14 | |
| 10 | |
| 18 | |
| 6 | |
| 20 | |
| 12 | |
| 2 | |
| 30 | |

Zerlege geschickt. Schreibe die Zwischenergebnisse auf.
✓ heißt: Ich habe kontrolliert, es stimmt.

5

265 + 27 = 292 ✓

285 / 292

6

317 + 14 = ____

7

452 + 109 = ____

8

746 + 150 = ____

9

524 + 76 = ____

10

177 + 333 = ____

11

139 + 505 = ____

12

852 + 138 = ____

13

624 + 265 = ____

**1** 3er-Zahlen:

| 3 | 6 | 9 | | | | | | | | | 36 |
|---|---|---|---|---|---|---|---|---|---|---|---|

**2**

| · | 3 | 30 | 13 |
|---|---|---|---|
| 5 | | | |
| 10 | | | |
| 2 | | | |
| 4 | | | |
| 8 | | | |
| 3 | | | |
| 6 | | | |
| 9 | | | |
| 0 | | | |
| 7 | | | |
| 11 | | | |

**3***

| : | 3 |
|---|---|
| 18 | 6 ✓ |
| 20 | |
| 12 | |
| 13 | |
| 24 | |
| 26 | |
| 15 | |
| 17 | |
| 21 | |
| 23 | |
| 2 | |

Kontrolle: (Umkehraufgabe)

$6 \cdot 3 = 18$

$6 \cdot 3 + 2 = 20$

Zerlege geschickt. Schreibe die Zwischenergebnisse auf.

✓ heißt: Ich habe kontrolliert, es stimmt.

**4** 371 – 16 = 355 ✓

361 / 355

**5** 371 – 55 =

**6** 371 – 204 =

**7** 720 – 43 =

**8** 720 – 208 =

**9** 720 – 460 =

**10** 548 – 309 =

**11** 548 – 430 =

**12** 548 – 326 =



**3** *Schreibweise bei Division mit Rest: 20 : 3 = 6 R 2 oder 20 : 3 = 6 + 2 : 3

1 4er-Zahlen:

| 4 | 8 | 12 | | | | | | | | | 48 |
|---|---|---|---|---|---|---|---|---|---|---|---|

2

| · | 4 | 14 | 40 | 24 |
|---|---|---|---|---|
| 0 | | | | |
| 10 | | | | |
| 5 | | | | |
| 6 | | | | |
| 7 | | | | |
| 4 | | | | |
| 8 | | | | |
| 9 | | | | |
| 11 | | | | |
| 12 | | | | |
| 20 | | | | |

3*

| : | 4 | Kontrolle: (Umkehraufgabe) |
|---|---|---|
| 20 | 5 ✓ | 5 · 4 = 20 |
| 22 | | 5 · 4 + 2 = 22 |
| 28 | | |
| 29 | | |
| 16 | | |
| 19 | | |
| 24 | | |
| 26 | | |
| 36 | | |
| 39 | | |
| 3 | | |

Ergänze in mehreren Schritten. ✓ heißt: Ich habe kontrolliert, es stimmt.

4 632 + 68 ✓ = 700

8 / 60

5 568 + ___ = 610

6 119 + ___ = 830

7 456 + ___ = 600

8 237 + ___ = 450

9 680 + ___ = 843

10 324 + ___ = 405

11 775 + ___ = 902

12 483 + ___ = 1 000

3 *Schreibweise bei Division mit Rest: 22 : 4 = 5 R 2 oder 22 : 4 = 5 + 2 : 4

**1**

| | |
|---|---|
| ☐ | · 5 = 25 |
| ☐ | · 15 = 30 |
| ☐ | · 4 = 28 |
| ☐ | · 14 = 70 |
| ☐ | · 3 = 12 |
| ☐ | · 13 = 91 |
| ☐ | · 2 = 12 |
| ☐ | · 12 = 48 |
| ☐ | · 4 = 36 |
| ☐ | · 14 = 42 |

**2**

| | | |
|---|---|---|
| 240 : 30 = | 8 ✓ | 8 · 30 = 240 |
| 180 : 30 = | ☐ | |
| 160 : 40 = | ☐ | |
| 360 : 40 = | ☐ | |
| 500 : 50 = | ☐ | |
| 250 : 50 = | ☐ | |
| 100 : 20 = | ☐ | |
| 180 : 20 = | ☐ | |
| 270 : 30 = | ☐ | |
| 120 : 30 = | ☐ | |

Addiere zur Kontrolle in umgekehrter Richtung.

✓ heißt: Ich habe kontrolliert, es stimmt.

**3**

| | | | | |
|---|---|---|---|---|
| | 4 | 8 | 7 | 5 |
| + | 3 | 1 | 6 | 4 |
| + | | 7 | 8 | 8 |
| + | 1 | 9 | 0 | 9 |
| | | | | |
| | | | | |

**4**

| | | | | |
|---|---|---|---|---|
| | | 4 | 2 | 8 |
| + | 6 | 4 | 5 | 5 |
| + | 3 | 7 | 4 | 8 |
| + | 2 | 1 | 6 | 7 |
| | | | | |
| | | | | |

**5**

| | | | | |
|---|---|---|---|---|
| | 6 | 7 | 6 | 5 |
| + | | 7 | 4 | 3 |
| + | 9 | 4 | 3 | 8 |
| + | | 1 | 7 | 2 |
| | | | | |
| | | | | |

**6**

| | | | | |
|---|---|---|---|---|
| | 2 | 0 | 0 | 8 |
| + | 6 | 3 | 7 | 4 |
| + | 2 | 8 | 8 | 8 |
| + | 1 | 7 | 9 | 5 |
| | | | | |
| | | | | |

**7**

| | | | | |
|---|---|---|---|---|
| | 3 | 0 | 2 | 0 |
| + | 2 | 6 | 8 | 9 |
| + | | 9 | 1 | 1 |
| + | 3 | 0 | 5 | 0 |
| | | | | |
| | | | | |

**8**

| | | | | |
|---|---|---|---|---|
| | | 3 | 1 | 6 |
| + | 7 | 1 | 2 | 0 |
| + | | 8 | 6 | 8 |
| + | 4 | 1 | 2 | 2 |
| | | | | |
| | | | | |

**9**

| | | | | |
|---|---|---|---|---|
| | 8 | 8 | 8 | 8 |
| + | | 1 | 1 | 2 |
| + | 2 | 7 | 0 | 0 |
| + | | 9 | 9 | 9 |
| | | | | |
| | | | | |

**10**

| | | | | |
|---|---|---|---|---|
| | | 1 | 2 | 3 |
| + | 9 | 0 | 7 | 0 |
| + | | 2 | 3 | 7 |
| + | 1 | 2 | 3 | 0 |
| | | | | |
| | | | | |

**11**

202

120

50 70 12

**12**

**13**

**1**

| | | |
|---|---|---|
| 15 : 5 = 3 | 3 · 5 = 15 |
| ___ : 5 = 6 | |
| ___ : 5 = 8 | |
| ___ : 5 = 4 | |
| ___ : 3 = 9 | |
| ___ : 3 = 4 | |
| ___ : 3 = 8 | |
| ___ : 3 = 5 | |
| ___ : 4 = 4 | |
| ___ : 4 = 7 | |
| ___ : 4 = 5 | |
| ___ : 4 = 8 | |

**2**

16 : 4 = ___

___ : 3 = 5

15 : ___ = 3

___ : 4 = 7

18 : ___ = 9

24 : 4 = ___

___ : 5 = 8

21 : ___ = 7

___ : 3 = 6

36 : ___ = 9

35 : 5 = ___

___ : 4 = 3

**3**

427 + 56 = ___

477

**4**

319 + 52 = ___

**5**

255 + 707 = ___

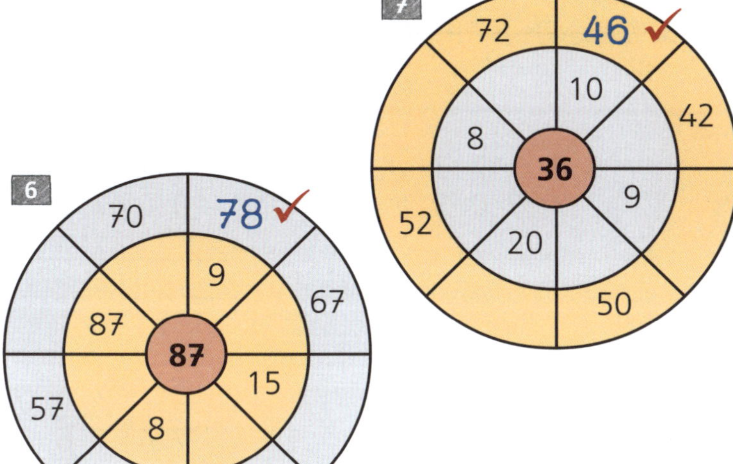


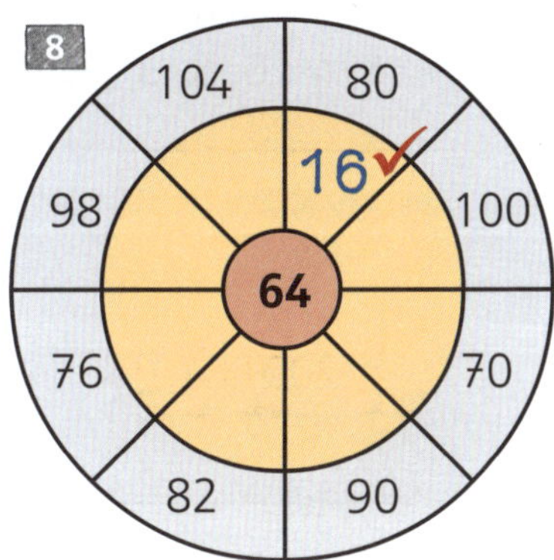

**1**

| · | 13 |
|---|---|
| 0 | |
| 10 | |
| 9 | |
| 3 | |
| 6 | |
| 2 | |
| 4 | |
| 8 | |
| 7 | |
| 5 | |
| 1 | |
| 11 | |

**2**

| · | 30 |
|---|---|
| 1 | |
| 2 | |
| 4 | |
| 8 | |
| 5 | |
| 7 | |
| 3 | |
| 6 | |
| 10 | |
| 9 | |
| 0 | |
| 12 | |

**3***

| : | 3 | Kontrolle: (Umkehraufgabe) |
|---|---|---|
| 11 | | 3 · 3 + 2 = 11 |
| 32 | | |
| 16 | | |
| 21 | | |
| 23 | | |
| 29 | | |
| 7 | | |
| 25 | | |
| 18 | | |
| 2 | | |
| 28 | | |
| 20 | | |

Addiere zur Kontrolle von unten nach oben.

✓ heißt: Ich habe kontrolliert, es stimmt.

**4**

|   | 7 | 1 | 2 | 0 | 6 |
|---|---|---|---|---|---|
| – | 1 | 8 | 5 | 5 | 3 |
|   |   |   |   |   |   |

**5**

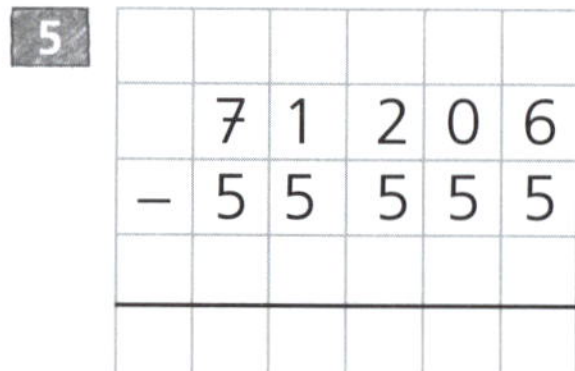


**6**

|   | 7 | 1 | 2 | 0 | 6 |
|---|---|---|---|---|---|
| – | 6 | 7 | 8 | 9 | 0 |
|   |   |   |   |   |   |

**7**

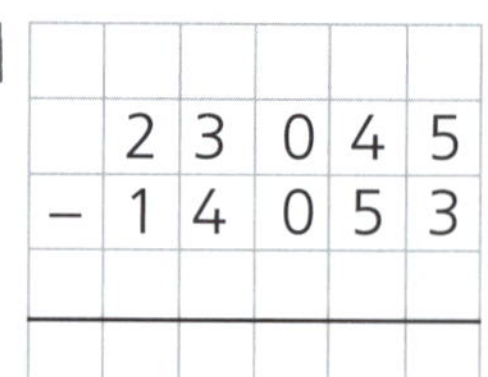


**8**

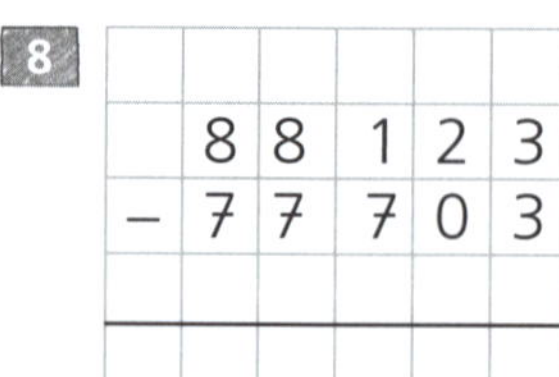


**9**

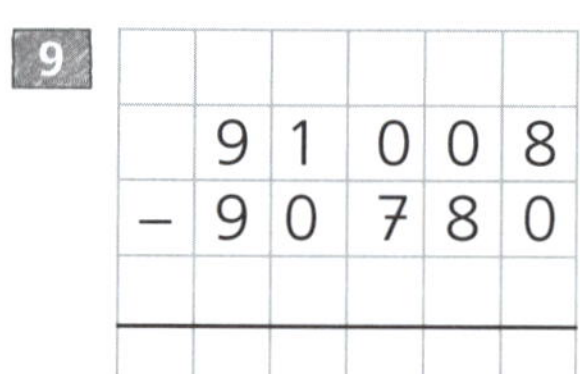


**10**

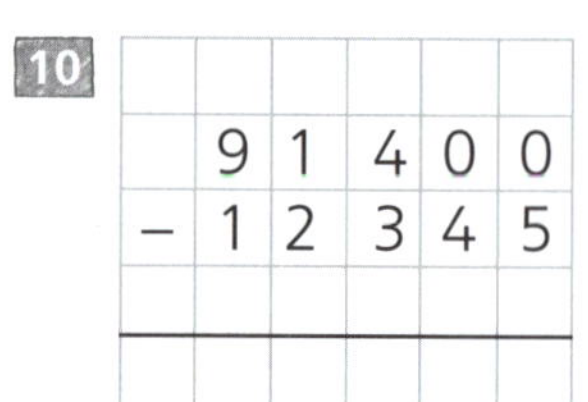


**11**

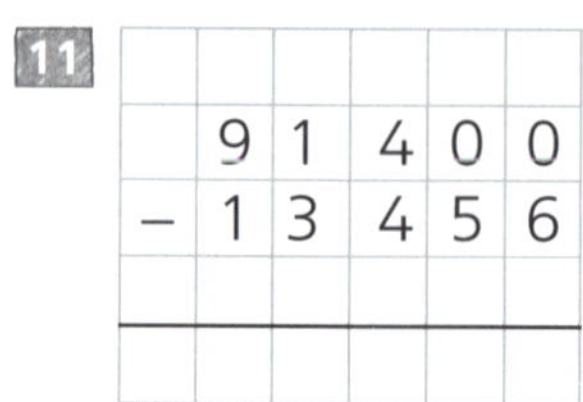


**12**

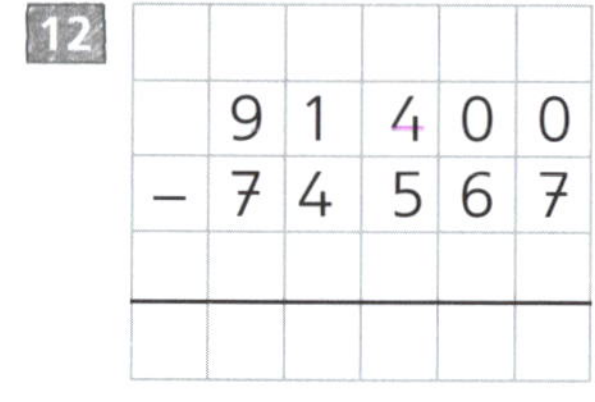




3 *Schreibweise bei Division mit Rest: 11 : 3 = 3 R 2 oder 11 : 3 = 3 + 2 : 3

**1**

315 + 67 = ______

**2**

446 + 39 = ______

**3**

248 + 607 = ______

**4**

690 – 78 = ______

**5**

678 – 49 = ______

**6**

952 – 508 = ______

Addiere zur Kontrolle von unten nach oben!

| | | | | | |
|---|---|---|---|---|---|
| | 3 | 2 | 7 | 0 | 8 |
| – | | 8 | 7 | 0 | 6 |
| | | | | | |

**8**

| | | | | | |
|---|---|---|---|---|---|
| | 3 | 2 | 7 | 0 | 8 |
| – | | 7 | 0 | 6 | 5 |
| | | | | | |

**9**

| | | | | | |
|---|---|---|---|---|---|
| | 3 | 2 | 7 | 0 | 8 |
| – | 1 | 6 | 5 | 4 | 0 |
| | | | | | |

**10**

| | | | | | |
|---|---|---|---|---|---|
| | 6 | 0 | 7 | 0 | 9 |
| – | 1 | 2 | 0 | 3 | 4 |
| | | | | | |

**11**

| | | | | | |
|---|---|---|---|---|---|
| | 6 | 0 | 7 | 0 | 9 |
| – | 2 | 3 | 0 | 4 | 5 |
| | | | | | |

**12**

| | | | | | |
|---|---|---|---|---|---|
| | 6 | 0 | 7 | 0 | 9 |
| – | 3 | 4 | 5 | 0 | 6 |
| | | | | | |

**13**

| | | | | | |
|---|---|---|---|---|---|
| | 8 | 4 | 8 | 0 | 6 |
| – | 2 | 6 | 3 | 5 | 0 |
| | | | | | |

**14**

| | | | | | |
|---|---|---|---|---|---|
| | 8 | 4 | 8 | 0 | 6 |
| – | 4 | 3 | 5 | 0 | 3 |
| | | | | | |

**15**

| | | | | | |
|---|---|---|---|---|---|
| | 8 | 4 | 8 | 0 | 6 |
| – | 6 | 9 | 0 | 3 | 2 |
| | | | | | |

**16**

| | | | | | |
|---|---|---|---|---|---|
| a 2 | 9 | b 2 | ■ | c | d |
| 5 | ■ | e | f | ■ | |
| g 1 | h | | | ■ | |
| ■ | | ■ | i | k | |
| l | | | ■ | | ■ |

**waagerecht:**

a) 245 + 47

c) 138 – 57

e) 127 – 55

g) 548 + 552

i) 145 + 65

l) 88 + 76

**senkrecht:**

a) 411 – 160

b) 395 – 125

d) 274 + 726

f) 256 – 54

h) 57 + 79

k) 75 – 58

**1**

4 · 3 = 12 12 : 3 = 4

☐ · 4 = 20 ______

☐ · 5 = 20 ______

☐ · 3 = 18 ______

☐ · 4 = 28 ______

☐ · 5 = 35 ______

☐ · 2 = 14 ______

☐ · 3 = 27 ______

**2**

☐ · 40 = 240

☐ · 30 = 210

☐ · 20 = 160

☐ · 50 = 350

☐ · 40 = 320

☐ · 30 = 240

☐ · 50 = 450

☐ · 30 = 300

**3**

6 · ☐ = 24

9 · ☐ = 18

3 · ☐ = 27

4 · ☐ = 24

8 · ☐ = 32

7 · ☐ = 35

5 · ☐ = 40

8 · ☐ = 40

Addiere zur Kontrolle in umgekehrter Richtung!

**4**

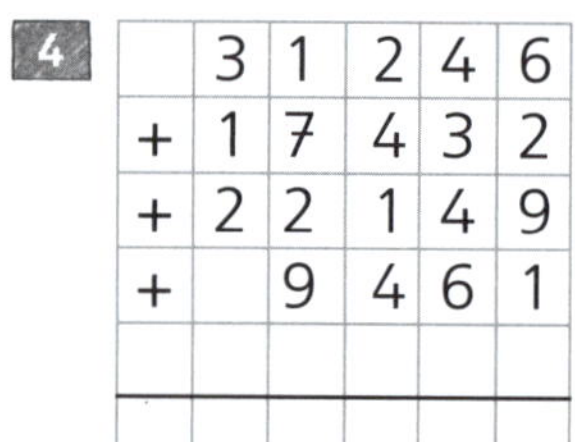

| | | | | | |
|---|---|---|---|---|---|
| | 3 | 1 | 2 | 4 | 6 |
| + | 1 | 7 | 4 | 3 | 2 |
| + | 2 | 2 | 1 | 4 | 9 |
| + | | 9 | 4 | 6 | 1 |
| | | | | | |
| | | | | | |

**5**

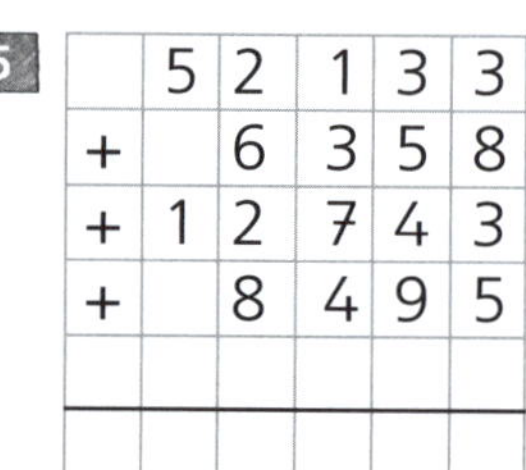

| | | | | | |
|---|---|---|---|---|---|
| | 5 | 2 | 1 | 3 | 3 |
| + | | 6 | 3 | 5 | 8 |
| + | 1 | 2 | 7 | 4 | 3 |
| + | | 8 | 4 | 9 | 5 |
| | | | | | |
| | | | | | |

**6**

| | | | | | |
|---|---|---|---|---|---|
| | 1 | 2 | 3 | 5 | 7 |
| + | 1 | 4 | 2 | 6 | 8 |
| + | | 9 | 3 | 1 | 5 |
| + | 3 | 7 | 2 | 1 | 6 |
| | | | | | |
| | | | | | |

Rechne soweit du kannst. Fertig, los!

**7**

550 – 5 = ______

550 – 10 = ______

550 – 15 = ______

550 – 20 = ______

**8**

3 · 2 + 10 = ______

3 · 3 + 10 = ______

3 · 4 + 10 = ______

3 · 5 + 10 = ______

**9**

150 + 3 = ______

165 + 6 = ______

180 + 9 = ______

195 + 12 = ______

1*

| : | 4 |
|---|---|
| 23 | |
| 31 | |
| 9 | |
| 13 | |
| 16 | |
| 24 | |
| 27 | |
| 52 | |
| 43 | |
| 26 | |
| 1 | |

Kontrolle: (Umkehraufgabe)

$5 \cdot 4 + 3 = 23$

2

200 : 40 =

120 : 30 =

90 : 30 =

400 : 50 =

180 : 30 =

280 : 40 =

300 : 50 =

360 : 40 =

210 : 30 =

450 : 50 =

320 : 40 =

3

| | | | | | | |
|---|---|---|---|---|---|---|
| | 1 | 0 | 0 | 0 | 0 | 0 |
| – | | 1 | 2 | 3 | 4 | 5 |
| | | | | | | |
| | | | | | | |

4

| | | | | | | |
|---|---|---|---|---|---|---|
| | 1 | 0 | 0 | 1 | 2 | 3 |
| – | | 1 | 3 | 5 | 6 | 7 |
| | | | | | | |
| | | | | | | |

5

| | | | | | | |
|---|---|---|---|---|---|---|
| | 1 | 0 | 1 | 0 | 8 | 3 |
| – | | 9 | 8 | 7 | 6 | 2 |
| | | | | | | |
| | | | | | | |

6

| | | | | |
|---|---|---|---|---|
| a 2 | 4 | ■ | b | c |
| d 3 | | e | ■ | |
| g 6 | ■ | f | g | |
| ■ | h | | | ■ |
| i | | ■ | k | l |
| | ■ | m | ■ | |
| n | | | ■ | |

**waagerecht:**

a) 3 · 8

b) 7 · 6

d) 270 + 95

f) 68 + 74

h) 103 + 102

i) 8 · 8

k) 9 · 9

m) 45 : 9

n) 136 + 340

**senkrecht:**

a) 118 + 118

b) 32 : 8

c) 104 + 98

e) 51 · 10

g) 196 + 262

h) 3 · 8

i) 498 + 136

l) 10 · 17

m) 7 · 8

1 *Schreibweise bei Division mit Rest: 23 : 4 = 5 R 3 oder 23 : 4 = 5 + 3 : 4

| A | E | G | H | I | L | N | O | P | R | S | T | V | Y | Z | . |
|---|---|---|---|---|---|---|---|---|---|---|---|---|---|---|---|
| 0 | 7 | 8 | 13 | 15 | 28 | 56 | 78 | 90 | 98 | 120 | 150 | 152 | 160 | 180 | 190 |

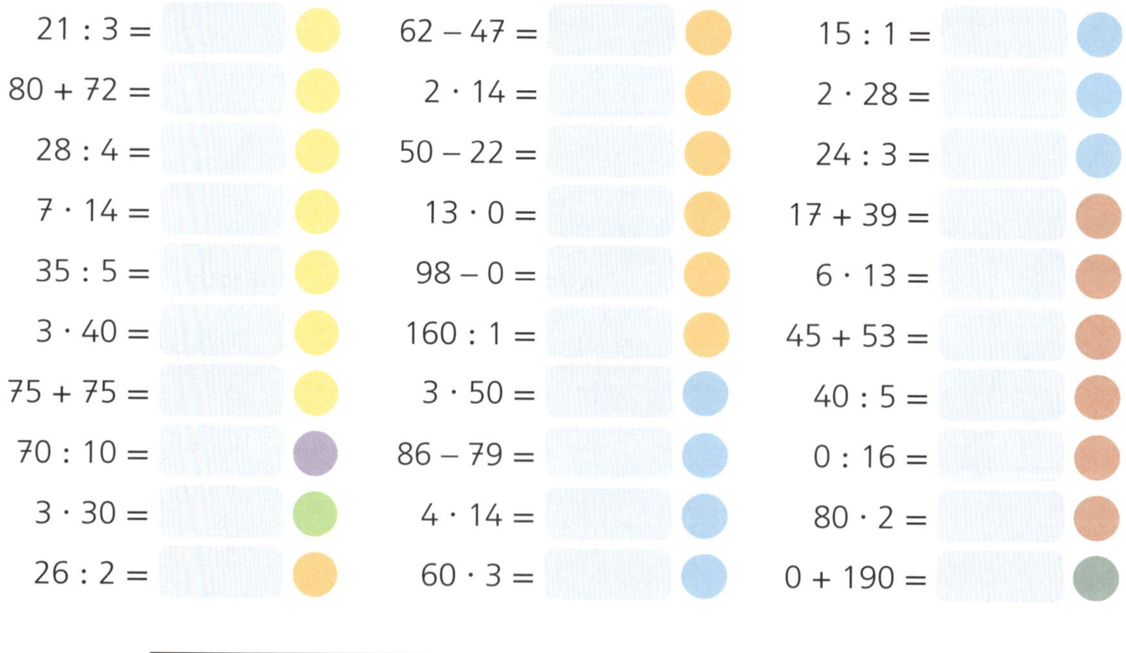

21 : 3 =
80 + 72 =
28 : 4 =
7 · 14 =
35 : 5 =
3 · 40 =
75 + 75 =
70 : 10 =
3 · 30 =
26 : 2 =

62 – 47 =
2 · 14 =
50 – 22 =
13 · 0 =
98 – 0 =
160 : 1 =
3 · 50 =
86 – 79 =
4 · 14 =
60 · 3 =

15 : 1 =
2 · 28 =
24 : 3 =
17 + 39 =
6 · 13 =
45 + 53 =
40 : 5 =
0 : 16 =
80 · 2 =
0 + 190 =

Der Mount ______ wurde 1953 von __ . __ . ______
und ______ ______ zum 1. Mal bestiegen __

**1**

$8 \cdot 14 =$ ____
$6 \cdot 30 =$ ____
$4 \cdot 15 =$ ____
$7 \cdot 40 =$ ____
$9 \cdot 13 =$ ____
$5 \cdot 50 =$ ____

**2**

____ $\cdot 30 = 210$
____ $\cdot 13 = 65$
____ $\cdot 40 = 240$
____ $\cdot 14 = 56$
____ $\cdot 50 = 450$
____ $\cdot 15 = 150$

**3**

$16 : 2 =$ ____
$160 : 2 =$ ____
$15 : 3 =$ ____
$150 : 3 =$ ____
$28 : 4 =$ ____
$280 : 4 =$ ____

**4**

$579 - 67 =$ ____

**5**

$538 + 144 =$ ____

**6**

$765 - 257 =$ ____

**7**

| | | | | | |
|---|---|---|---|---|---|
| | 7 | 2 | 4 | 0 | 3 |
| – | 5 | 6 | 5 | 5 | 5 |
| | | | | | |
| | | | | | |

**8**

| | | | | | |
|---|---|---|---|---|---|
| | 2 | 5 | 7 | 8 | 9 |
| + | 3 | 6 | 4 | 4 | 4 |
| | | | | | |
| | | | | | |

**9**

| | | | | | |
|---|---|---|---|---|---|
| | 8 | 1 | 3 | 6 | 0 |
| – | 7 | 5 | 0 | 9 | 9 |
| | | | | | |
| | | | | | |

Rechne soweit du kannst. Fertig, los!

**10**

$930 - 2 =$ ____
$920 - 4 =$ ____
$910 - 6 =$ ____
$900 - 8 =$ ____

**11**

$200 + 8 =$ ____
$204 + 8 =$ ____
$208 + 8 =$ ____
$212 + 8 =$ ____

**12**

$1 \cdot 9 + 10 =$ ____
$2 \cdot 9 + 20 =$ ____
$3 \cdot 9 + 30 =$ ____
$4 \cdot 9 + 40 =$ ____

# Mathe-fit-Test 1

**1**

638 + 45 = ____

**2**

270 + 135 = ____

**3**

366 + 407 = ____

**4**

678 – 59 = ____

**5**

472 – 66 = ____

**6**

817 – 208 = ____

**7**

7 · 3 = ____

5 · 4 = ____

6 · 5 = ____

9 · 2 = ____

**8**

28 : 4 = ____

25 : 5 = ____

27 : 3 = ____

14 : 2 = ____

**9**

| | Kontrolle: |
|---|---|
| 15 : 2 = ____ | ____ |
| 26 : 3 = ____ | ____ |
| 18 : 4 = ____ | ____ |
| 44 : 5 = ____ | ____ |

**10**

| | | | | |
|---|---|---|---|---|
| | 2 | 7 | 3 | 6 |
| + | | 4 | 1 | 5 |
| + | 1 | 3 | 7 | 8 |
| | | | | |
| | | | | |

**11**

| | | | | |
|---|---|---|---|---|
| | 5 | 5 | 0 | 2 |
| + | 1 | 2 | 3 | 4 |
| + | | 6 | 0 | 4 |
| | | | | |
| | | | | |

**12**

| | | | | |
|---|---|---|---|---|
| | 6 | 9 | 9 | 9 |
| + | 3 | 1 | 2 | 3 |
| + | | 8 | 9 | 0 |
| | | | | |
| | | | | |

**13**

| | | | | | |
|---|---|---|---|---|---|
| | | | | | |
| | 1 | 0 | 6 | 9 | 7 |
| – | | 2 | 4 | 3 | 6 |
| | | | | | |
| | | | | | |

**14**

| | | | | |
|---|---|---|---|---|
| | | | | |
| | 8 | 9 | 0 | 4 |
| – | 1 | 3 | 6 | 4 |
| | | | | |
| | | | | |

**15**

| | | | | | |
|---|---|---|---|---|---|
| | | | | | |
| | 1 | 2 | 3 | 4 | 5 |
| – | | 6 | 4 | 4 | 8 |
| | | | | | |
| | | | | | |

**16**

6 · 14 = ____

4 · 13 = ____

**17**

7 · 15 = ____

9 · 14 = ____

**18**

____ · 40 = 320

____ · 30 = 180

**19**

210 : 30 = ____

240 : 40 = ____



Du hast ____ Aufgaben richtig gelöst.

**1** 6er-Zahlen:

| 6 | 12 | 18 | | | | | | | | | 72 |
|---|---|---|---|---|---|---|---|---|---|---|---|

**2**

| · | 6 | 60 | 16 |
|---|---|---|---|
| 10 | | | |
| 9 | | | |
| 3 | | | |
| 6 | | | |
| 5 | | | |
| 7 | | | |
| 2 | | | |
| 4 | | | |
| 8 | | | |
| 0 | | | |

**3**

| : | 6 |
|---|---|
| 30 | |
| 12 | |
| 6 | |
| 18 | |
| 42 | |
| 36 | |
| 24 | |
| 54 | |
| 60 | |
| 48 | |

**4**

5 · 600 = 3 000 ✓

3 · 6 000 = 18 000 ✓

4 · 600 = ______

7 · 600 = ______

4 · 6 000 = ______

9 · 600 = ______

5 · 6 000 = ______

7 · 6 000 = ______

8 · 600 = ______

8 · 6 000 = ______

6 · 6 000 = ______

**5**

| · | 3 | 5 | 7 | 10 | 100 |
|---|---|---|---|---|---|
| 40 | | | | | |
| 500 | | | | | |
| 6 000 | | | | | |
| 300 | | | | | |
| 8 000 | | | | | |
| 90 | | | | | |

**6**

36 + 15 =

336 + 15 =

436 + 115 =

136 + 515 =

**7**

57 + 39 =

157 + 139 =

557 + 239 =

257 + 439 =

**8**

68 + 38 =

668 + 38 =

168 + 238 =

368 + 338 =

Runde auf volle Tausender.

**1**
2327 ≈ 2 000 ✓
2527 ≈ 3 000 ✓
4605 ≈ ______
3118 ≈ ______

**2**
6928 ≈ ______
6597 ≈ ______
6431 ≈ ______
1866 ≈ ______

**3**
3380 ≈ ______
7509 ≈ ______
9477 ≈ ______
8695 ≈ ______

Vergleiche das Ergebnis mit dem Überschlag. ✓ heißt: Es kann stimmen!

**4** Überschlag: $2\,000 \cdot 6 = 12\,000$

| 2 | 3 | 2 | 7 | · | 6 |
|---|---|---|---|---|---|
|  | 1 | 3 | 9 | 6 | 2 |

✓

**5** Überschlag: 3 000

| 2 | 5 | 2 | 7 | · | 6 |
|---|---|---|---|---|---|
|  |  |  |  |  |  |

**6** Überschlag: ______

| 4 | 6 | 0 | 5 | · | 6 |
|---|---|---|---|---|---|
|  |  |  |  |  |  |

**7** Überschlag: ______

| 5 | 4 | 4 | 2 | · | 6 |
|---|---|---|---|---|---|
|  |  |  |  |  |  |

**8** Überschlag: ______

| 6 | 4 | 4 | 3 | · | 6 |
|---|---|---|---|---|---|
|  |  |  |  |  |  |

**9** Überschlag: ______

| 7 | 5 | 3 | 2 | · | 6 |
|---|---|---|---|---|---|
|  |  |  |  |  |  |

**10** Überschlag: ______

| 7 | 6 | 5 | 5 | · | 6 |
|---|---|---|---|---|---|
|  |  |  |  |  |  |

**11** Überschlag: ______

| 8 | 8 | 2 | 1 | · | 6 |
|---|---|---|---|---|---|
|  |  |  |  |  |  |

**12** Überschlag: ______

| 9 | 3 | 6 | 9 | · | 6 |
|---|---|---|---|---|---|
|  |  |  |  |  |  |

**13**
45 – 29 =
145 – 29 =
645 – 329 =
745 – 429 =

**14**
63 – 18 =
163 – 18 =
363 – 118 =
963 – 918 =

**15**
34 – 25 =
234 – 200 =
234 – 225 =
734 – 525 =

**16**
674 – 345 =
______

**17**
473 – 166 =
______

**18**
734 – 528 =
______

**1** 8er-Zahlen:

| 8 | 16 | | | | | | | | | | 96 |
|---|---|---|---|---|---|---|---|---|---|---|---|

**2**

| · | 8 | 18 | 800 |
|---|---|---|---|
| 2 | | | |
| 4 | | | |
| 8 | | | |
| 5 | | | |
| 10 | | | |
| 9 | | | |
| 7 | | | |
| 3 | | | |
| 6 | | | |
| 12 | | | |

**3** *

| : | 8 |
|---|---|
| 42 | |
| 45 | |
| 17 | |
| 37 | |
| 75 | |
| 23 | |
| 30 | |
| 20 | |
| 57 | |
| 71 | |

Kontrolle: (Umkehraufgabe)

$5 \cdot 8 + 2 = 42$

Addiere zur Kontrolle in umgekehrter Richtung!

**4**

| | | | | |
|---|---|---|---|---|
| | 2 | 1 | 4 | 5 |
| + | | 6 | 7 | 2 |
| + | 3 | 1 | 5 | 7 |
| + | | 9 | 1 | 6 |
| | | | | |
| | | | | |

**5**

| | | | | |
|---|---|---|---|---|
| | 5 | 1 | 0 | 7 |
| + | | 9 | 3 | 6 |
| + | 1 | 7 | 8 | 2 |
| + | | | 4 | 9 |
| | | | | |
| | | | | |

**6**

| | | | | |
|---|---|---|---|---|
| | 1 | 7 | 2 | 4 |
| + | 1 | 9 | 7 | 8 |
| + | | 5 | 0 | 0 |
| + | 3 | 2 | 6 | 7 |
| | | | | |
| | | | | |

**7**

| | | | | |
|---|---|---|---|---|
| | 3 | 0 | 8 | 8 |
| + | 2 | 7 | 0 | 5 |
| + | | | 6 | 1 |
| + | | 9 | 1 | 2 |
| | | | | |
| | | | | |

Addiere zur Kontrolle von unten nach oben!

**8**

| | | | | |
|---|---|---|---|---|
| | | | | |
| | 9 | 4 | 3 | 2 |
| | | | | |
| – | | 7 | 8 | 4 |
| – | 3 | 7 | 2 | 1 |
| – | | 5 | 2 | 1 |
| | | | | |
| | | | | |

**9**

| | | | | |
|---|---|---|---|---|
| | | | | |
| | 8 | 4 | 2 | 1 |
| | | | | |
| – | | 6 | 7 | 7 |
| – | 4 | 1 | 9 | 9 |
| – | 1 | 3 | 5 | 6 |
| | | | | |
| | | | | |

**10**

| | | | | |
|---|---|---|---|---|
| | | | | |
| | 7 | 4 | 4 | 4 |
| | | | | |
| – | 1 | 3 | 3 | 3 |
| – | | 8 | 2 | 9 |
| – | 1 | 5 | 6 | 9 |
| | | | | |
| | | | | |

**11**

| | | | | | |
|---|---|---|---|---|---|
| | | | | | |
| | 1 | 2 | 3 | 4 | 5 |
| | | | | | |
| – | | 8 | 7 | 2 | 1 |
| – | | 1 | 3 | 6 | 5 |
| – | | 2 | 0 | 1 | 7 |
| | | | | | |
| | | | | | |

**3** * Schreibweise bei Division mit Rest: 42 : 8 = 5 R 2 oder 42 : 8 = 5 + 2 : 8

1

| | gerundet auf ZT | gerundet auf T | gerundet auf H |
|---|---|---|---|
| 32 763 | 30 000 | 33 000 | 32 800 |
| 2 743 | 0 | | |
| 3 746 | | | |
| 18 352 | | | |
| 2 096 | | | |
| 4 470 | | | |
| 43 759 | | | |
| 5 509 | | | |
| 6 368 | | | |

Vergleiche das Ergebnis mit dem Überschlag. ✓ heißt: Es kann stimmen!

2

Ü: 30 000 · 8 =
240 000

| 3 | 2 | 7 | 6 | 3 | · | 8 |
|---|---|---|---|---|---|---|
| | | | | | | 4 |

3

Ü:

| 2 | 7 | 4 | 3 | · | 8 |
|---|---|---|---|---|---|
| | | | | | |

4

Ü:

| 3 | 7 | 4 | 6 | · | 8 |
|---|---|---|---|---|---|
| | | | | | |

5

Ü:

| 1 | 8 | 3 | 5 | 2 | · | 8 |
|---|---|---|---|---|---|---|
| | | | | | | |

6

Ü:

| 2 | 0 | 9 | 6 | · | 8 |
|---|---|---|---|---|---|
| | | | | | |

7

Ü:

| 4 | 4 | 7 | 0 | · | 8 |
|---|---|---|---|---|---|
| | | | | | |

8

Ü:

| 4 | 3 | 7 | 5 | 9 | · | 8 |
|---|---|---|---|---|---|---|
| | | | | | | |

9

Ü:

| 5 | 5 | 0 | 9 | · | 8 |
|---|---|---|---|---|---|
| | | | | | |

10

Ü:

| 6 | 3 | 6 | 8 | · | 8 |
|---|---|---|---|---|---|
| | | | | | |

Rechne zu jeder Aufgabe auch die Tauschaufgabe.

**1**

5 · 6 = 30 ✓ 6 · 5 = 30

4 · 6 = ____ ________

8 · 6 = ____ ________

7 · 6 = ____ ________

9 · 6 = ____ ________

**2**

4 · 8 = ____ ________

8 · 8 = ____ ________

5 · 8 = ____ ________

6 · 8 = ____ ________

7 · 8 = ____ ________

**3**

7 · 4 = ____ ________

7 · 5 = ____ ________

7 · 6 = ____ ________

7 · 7 = ____ ________

7 · 8 = ____ ________

**4**

9 · 4 = ____ ________

5 · 9 = ____ ________

7 · 3 = ____ ________

9 · 8 = ____ ________

7 · 9 = ____ ________

**5**

| · | 3 | 6 | 4 | 8 | 80 | 60 | 100 | 400 | 8 000 |
|---|---|---|---|---|---|---|---|---|---|
| 5 | | | | | | | | | |
| 7 | | | | | | | | | |
| 10 | | | | | | | | | |
| 9 | | | | | | | | | |
| 4 | | | | | | | | | |
| 8 | | | | | | | | | |
| 3 | | | | | | | | | |
| 6 | | | | | | | | | |

**6**

**7**

**8**

**1**

100 – 20 =

116 – 20 =

316 – 50 =

726 – 40 =

846 – 60 =

**2**

390 + 10 =

380 + 40 =

460 + 70 =

564 + 60 =

854 + 80 =

**3**

400 – 50 =

425 – 50 =

525 – 70 =

725 – 90 =

625 – 80 =

**4**

417 – 35 =

**5**

783 + 36 =

**6**

342 – 68 =

**7**

417 – 48 =

**8**

378 + 53 =

**9**

342 – 75 =

Addiere zur Kontrolle von unten nach oben.

**10**

| | | | | | |
|---|---|---|---|---|---|
| | 7 | 5 | 2 | 3 | 4 |
| – | | 3 | 4 | 5 | 0 |
| – | 1 | 0 | 2 | 7 | 9 |
| – | | | 4 | 5 | 6 |

**11**

| | | | | | |
|---|---|---|---|---|---|
| | 6 | 0 | 0 | 2 | 9 |
| – | 2 | 5 | 1 | 1 | 1 |
| – | | | 7 | 7 | 7 |
| – | | 8 | 4 | 0 | 8 |

**12**

| | | | | | | |
|---|---|---|---|---|---|---|
| | 1 | 0 | 0 | 0 | 0 | 0 |
| – | | | 9 | 0 | 7 | 4 |
| – | | 2 | 0 | 5 | 9 | 8 |
| – | | | | 6 | 4 | 1 |

**13**

Ü:

2 3 4 5 6 · 5

**14**

Ü:

6 7 8 9 · 6

**15**

Ü:

3 5 0 0 8 · 8

**16**

| Zahl a | 100 | 120 | 140 | 150 | 70 | 90 | | | |
|---|---|---|---|---|---|---|---|---|---|
| $\frac{1}{2}$ a | 50 | | | | | | 150 | 300 | 180 |

Löse mithilfe der Umkehraufgaben.

**1**

80 : 16 = 5 K: 5 · 16 = 80

___ : 60 = 9 K: 9 · 60 = 540

___ : 16 = 7 K: ___

___ : 18 = 6 K: ___

___ : 80 = 4 K: ___

___ : 14 = 9 K: ___

___ : 30 = 7 K: ___

___ : 18 = 8 K: ___

**2**

___ : 13 = 9

___ : 15 = 7

___ : 10 = 4

___ : 60 = 8

___ : 18 = 7

___ : 12 = 5

___ : 16 = 8

___ : 80 = 6

**3**

600 – 60 = ___

630 – 60 = ___

640 – 80 = ___

**4**

700 – 50 = ___

710 – 60 = ___

720 – 40 = ___

**5**

300 – 80 = ___

410 – 80 = ___

530 – 80 = ___

**6**

645 – 82 = ___

**7**

714 – 66 = ___

**8**

538 – 84 = ___

**9**

Ü: ___

| 3 | 4 | 6 | 0 | 3 | · | 4 |
|---|---|---|---|---|---|---|
|  |  |  |  |  |  |  |

**10**

Ü: ___

| 4 | 8 | 8 | 8 | · | 6 |
|---|---|---|---|---|---|
|  |  |  |  |  |  |

**11**

Ü: ___

| 4 | 2 | 4 | 4 | 7 | · | 8 |
|---|---|---|---|---|---|---|
|  |  |  |  |  |  |  |

**12**

| Zahl a | 20 | 40 | 80 | 100 | 160 | 240 |  |  |
|---|---|---|---|---|---|---|---|---|
| $\frac{1}{4}$ a | 5 |  |  |  |  |  | 80 |  |
| $\frac{1}{2}$ a | 10 |  |  |  |  |  |  | 500 |

| A | G | I | J | K | N | O | R | S | T | U | W | 1 | 6 | 9 |
|---|---|---|---|---|---|---|---|---|---|---|---|---|---|---|
| 0 | 6 | 8 | 9 | 10 | 17 | 34 | 57 | 72 | 85 | 126 | 127 | 150 | 160 | 170 |

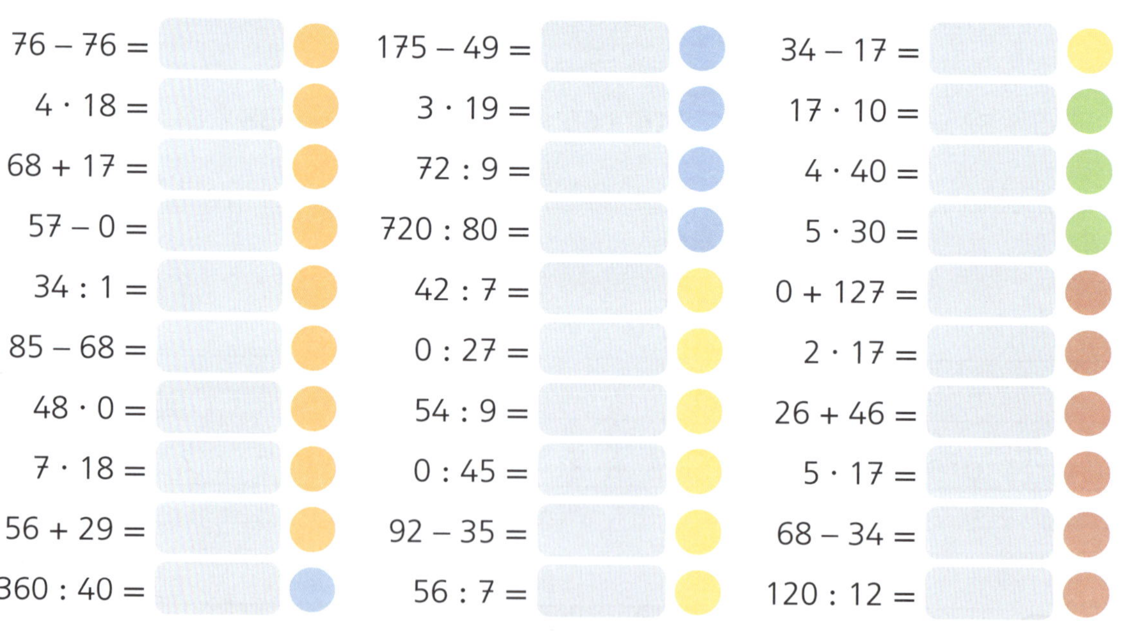

76 – 76 =
4 · 18 =
68 + 17 =
57 – 0 =
34 : 1 =
85 – 68 =
48 · 0 =
7 · 18 =
56 + 29 =
360 : 40 =

175 – 49 =
3 · 19 =
72 : 9 =
720 : 80 =
42 : 7 =
0 : 27 =
54 : 9 =
0 : 45 =
92 – 35 =
56 : 7 =

34 – 17 =
17 · 10 =
4 · 40 =
5 · 30 =
0 + 127 =
2 · 17 =
26 + 46 =
5 · 17 =
68 – 34 =
120 : 12 =

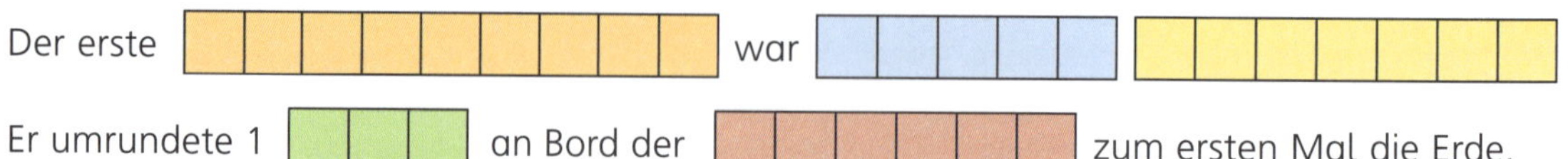

Der erste ____ war ____ ____.

Er umrundete 1 ____ an Bord der ____ zum ersten Mal die Erde.

1

| · | 3 | 6 | 4 | 8 | 50 |
|---|---|---|---|---|---|
| 5 | | | | | |
| 4 | | | | | |
| 6 | | | | | |

2

| · | 60 | 10 | 18 | 600 |
|---|---|---|---|---|
| 7 | | | | |
| 4 | | | | |
| 10 | | | | |

3 200 – 35 = ____

510 – 35 = ____

4 410 – 20 = ____

512 – 20 = ____

5 190 + 45 = ____

290 + 55 = ____

6 614 – 35 = ____

7 312 – 28 = ____

8 910 + 95 = ____

9 ____ : 16 = 4 K: ____

____ : 18 = 9 K: ____

10 ____ : 300 = 4

____ : 500 = 6

11

| | | | | | |
|---|---|---|---|---|---|
| | 4 | 0 | 1 | 2 | 3 |
| – | 1 | 0 | 6 | 6 | 6 |
| – | | 5 | 0 | 7 | 3 |
| | | | | | |

12

| | | | | | |
|---|---|---|---|---|---|
| | 9 | 1 | 1 | 1 | 0 |
| – | 4 | 8 | 0 | 0 | 8 |
| – | | | 7 | 0 | 2 |
| | | | | | |

13

| | | | | | | |
|---|---|---|---|---|---|---|
| | 1 | 0 | 0 | 0 | 0 | 0 |
| – | | | 9 | 9 | 9 | 9 |
| – | | 1 | 2 | 3 | 4 | 5 |
| | | | | | | |

Rechne soweit du kannst. Fertig, los!

14 100 – 10 = ____

200 – 20 = ____

300 – 30 = ____

400 – 40 = ____

15 $1 \cdot 11$ = ____

$2 \cdot 12$ = ____

$3 \cdot 13$ = ____

$4 \cdot 14$ = ____

16 60 + 8 = ____

120 + 16 = ____

180 + 24 = ____

240 + 32 = ____

# Mathe-fit-Test 2

**1**

| · | 4 | 8 | 3 | 6 |
|---|---|---|---|---|
| 9 | | | | |
| 6 | | | | |

**2**

| · | 16 | 18 | 60 | 80 | 300 |
|---|---|---|---|---|---|
| 5 | | | | | |
| 8 | | | | | |

**3**

100 – 75 = 

310 – 75 = 

430 – 75 = 

**4**

190 + 40 = 

290 + 40 = 

595 + 40 = 

**5**

610 – 20 = 

310 – 40 = 

710 – 60 = 

**6**

645 – 75 = 

**7**

392 + 47 = 

**8**

616 – 38 = 

**9**

Ü:

| 1 | 7 | 0 | 8 | 6 | · | 4 |
|---|---|---|---|---|---|---|
| | | | | | | |

**10**

Ü:

| 9 | 8 | 7 | 6 | · | 6 |
|---|---|---|---|---|---|
| | | | | | |

**11**

Ü:

| 1 | 3 | 5 | 4 | 3 | · | 8 |
|---|---|---|---|---|---|---|
| | | | | | | |

**12**

: 14 = 9 K:

: 15 = 8 K:

: 16 = 7 K:

: 18 = 6 K:

**13**

: 40 = 9

: 60 = 6

: 80 = 8

: 60 = 4

**14**

| | 2 | 5 | 7 | 3 | 3 |
|---|---|---|---|---|---|
| + | | 8 | 6 | 4 | 4 |
| + | | 3 | 0 | 0 | 1 |
| + | | | 9 | 1 | 5 |
| | | | | | |
| | | | | | |

**15**

| | | | | | |
|---|---|---|---|---|---|
| | 4 | 3 | 4 | 1 | 1 |
| | | | | | |
| – | 1 | 0 | 2 | 2 | 0 |
| – | | 8 | 4 | 5 | 6 |
| | | | | | |
| | | | | | |

**16**

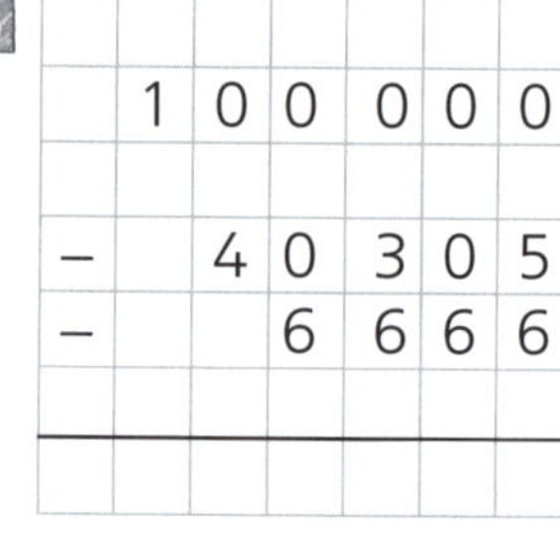

| | | | | | | |
|---|---|---|---|---|---|---|
| | 1 | 0 | 0 | 0 | 0 | 0 |
| | | | | | | |
| – | | 4 | 0 | 3 | 0 | 5 |
| – | | | 6 | 6 | 6 | 6 |
| | | | | | | |
| | | | | | | |



Du hast ☐ Aufgaben richtig gelöst.

**1** 9er-Zahlen:

| 9 | 18 | | | | | | | | | | 108 |
|---|---|---|---|---|---|---|---|---|---|---|---|

**2**

| : | 9 |
|---|---|
| 81 | |
| 27 | |
| 9 | |
| 54 | |
| 90 | |
| 0 | |
| 36 | |
| 45 | |
| 72 | |
| 18 | |
| 63 | |
| 99 | |

Kontrolle: (Umkehraufgabe)

9 · 9 = 81

**3**

| · | 90 | 19 | 900 |
|---|---|---|---|
| 0 | | | |
| 1 | | | |
| 5 | | | |
| 10 | | | |
| 9 | | | |
| 3 | | | |
| 6 | | | |
| 4 | | | |
| 8 | | | |
| 12 | | | |
| 7 | | | |
| 15 | | | |

**4**
18 : 9 =
180 : 9 =
1 800 : 9 =

**5**
36 : 9 =
360 : 9 =
3 600 : 9 =

**6**
90 : 9 =
900 : 9 =
9 000 : 9 =

**7**
45 : 9 =
450 : 9 =
4 500 : 9 =

**8**
27 : 9 =
270 : 9 =
2 700 : 9 =

**9**
63 : 9 =
630 : 9 =
6 300 : 9 =

**10**

**11**

**12**

## 1 Überschlagsrechnen bei der Division

| Aufgabe | die zwei ersten Stellen gerundet | nächste Viererzahl | Überschlag |
|---|---|---|---|
| 1340 : 4 | 13 | 12 | 1200 : 4 = 300 |
| 3488 : 4 | 35 | 36 | 3600 : 4 = |
| 2116 : 4 | 21 | 20 | |
| 4320 : 4 | 43 | | |
| 1792 : 4 | 18 | | |
| 1484 : 4 | | | |
| 2536 : 4 | | | |
| 1928 : 4 | | | |
| 3144 : 4 | | | |
| 3812 : 4 | | | |

**2** Überschlag:

1200 : 4 = 300

1340 : 4 = 335 ✓

```
1340 : 4 = 335
12
 14
 12
  20
  20
   0
```

K:

```
335 · 4
 1340
```

**3** Überschlag:

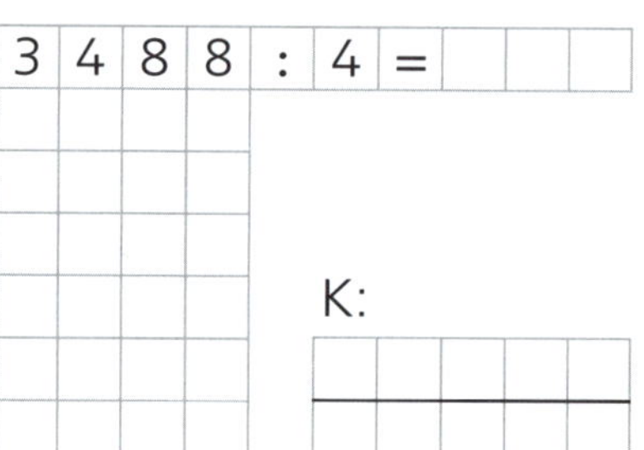


**4** Überschlag:

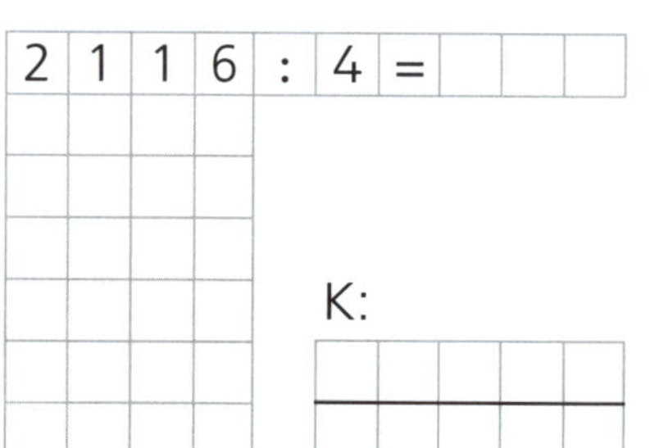


**5** Überschlag:

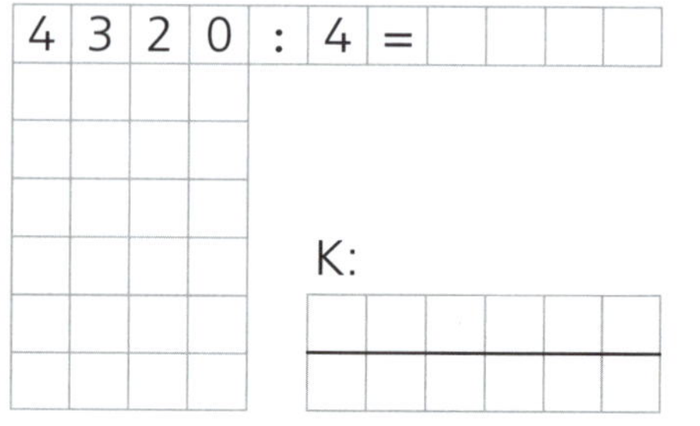

## 1 Überschlagsrechnen bei der Division

| Aufgabe | die zwei ersten Stellen gerundet | nächste Sechserzahl | Überschlag |
|---|---|---|---|
| 1 350 : 6 | 14 | 12 | 1 200 : 6 = 200 ✓ |
| 2 814 : 6 | 28 | 30 | 3 000 : 6 = |
| 3 564 : 6 | 36 | 36 | |
| 5 118 : 6 | 51 | | |
| 4 572 : 6 | | | |
| 3 462 : 6 | | | |
| 1 944 : 6 | | | |
| 4 896 : 6 | | | |
| 1 290 : 6 | | | |
| 5 526 : 6 | | | |

## 2 Überschlag:

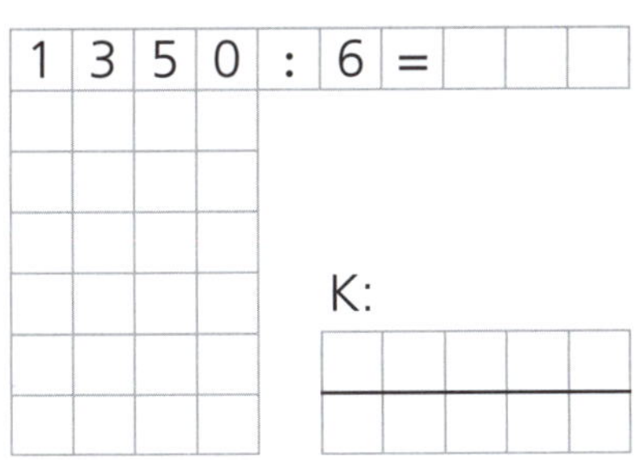


## 3 Überschlag:

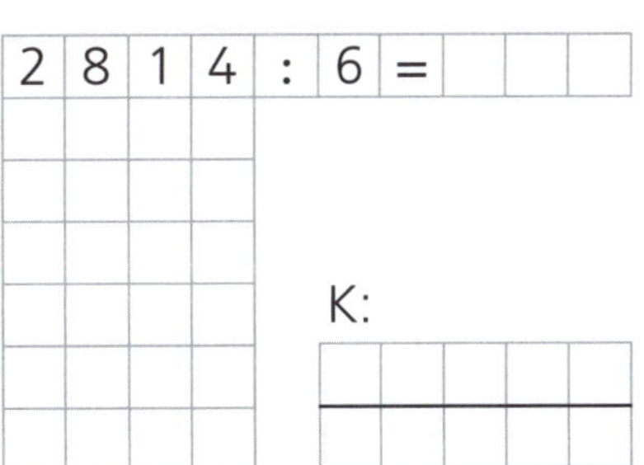


## 4 Überschlag:

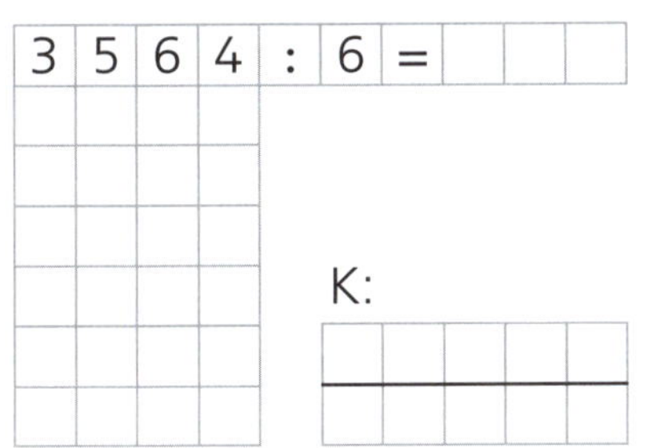


## 5 Überschlag:

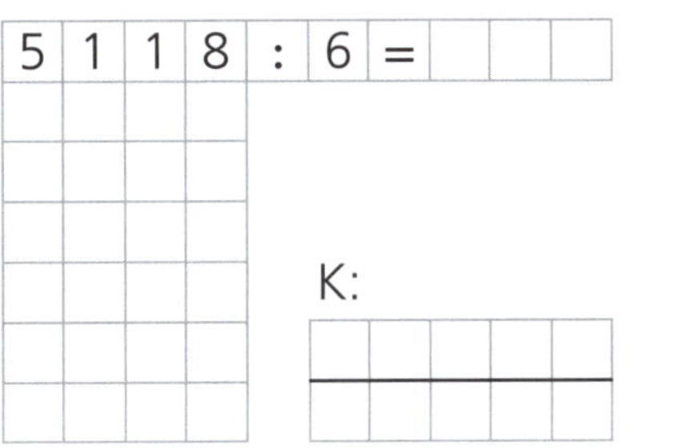

1 7er-Zahlen:

| 7 | 14 | | | | | | | | | | 84 |
|---|---|---|---|---|---|---|---|---|---|---|---|

2

| · | 7 | 70 | 17 |
|---|---|---|---|
| 7 | | | |
| 4 | | | |
| 8 | | | |
| 3 | | | |
| 6 | | | |
| 0 | | | |
| 5 | | | |
| 10 | | | |
| 9 | | | |
| 12 | | | |
| 20 | | | |
| 15 | | | |

3

| : | 7 |
|---|---|
| 35 | |
| 37 | |
| 21 | |
| 26 | |
| 70 | |
| 74 | |
| 28 | |
| 31 | |
| 42 | |
| 48 | |
| 56 | |
| 57 | |

Kontrolle: (Umkehraufgabe)

5 · 7 =

5 · 7 + 2 =

4

140 : 7 =

1 400 : 7 =

5

70 : 7 =

7 000 : 7 =

6

350 : 7 =

3 500 : 7 =

7

280 : 7 =

2 800 : 7 =

8

630 : 7 =

6 300 : 7 =

9

49 : 7 =

490 : 7 =

10

6 000 – 50 =

7 020 – 60 =

8 040 – 80 =

9 030 – 70 =

9 050 – 90 =

11

+ 56 = 220 K: 220 – 56 =

+ 43 = 525 K:

– 50 = 380 K:

– 49 = 510 K:

– 77 = 830 K:

## 1 Überschlagsrechnen bei der Division

| Aufgabe | die zwei ersten Stellen gerundet | nächste Siebenerzahl | Überschlag |
|---|---|---|---|
| 4312 : 7 | 43 | 42 | 4200 : 7 = 600 ✓ |
| 2695 : 7 | 27 | 28 | |
| 1155 : 7 | | | |
| 5509 : 7 | | | |
| 1645 : 7 | | | |

**2** Überschlag:

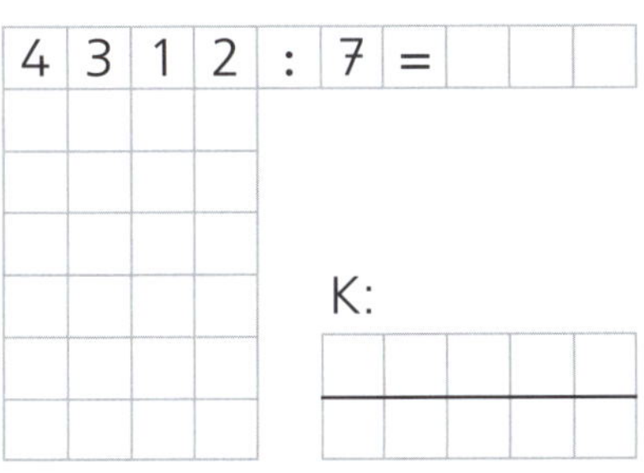


**3** Überschlag:

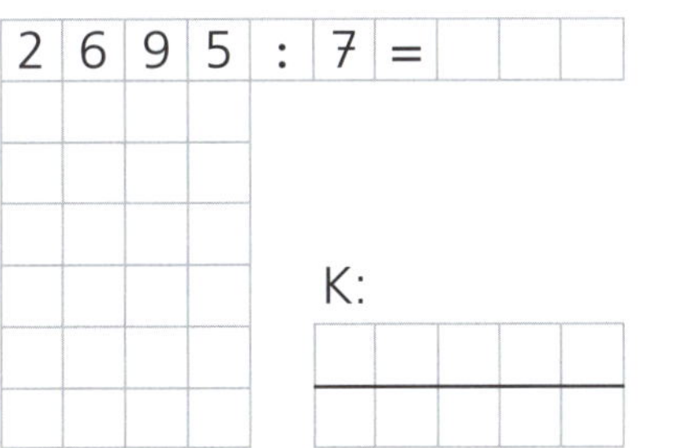


**4** Überschlag:

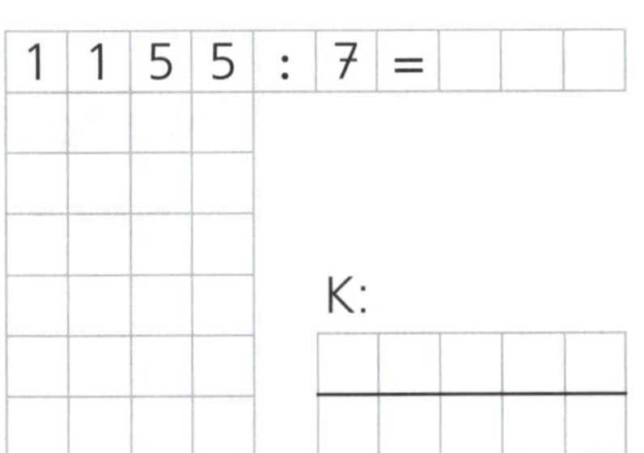


**5** Überschlag:

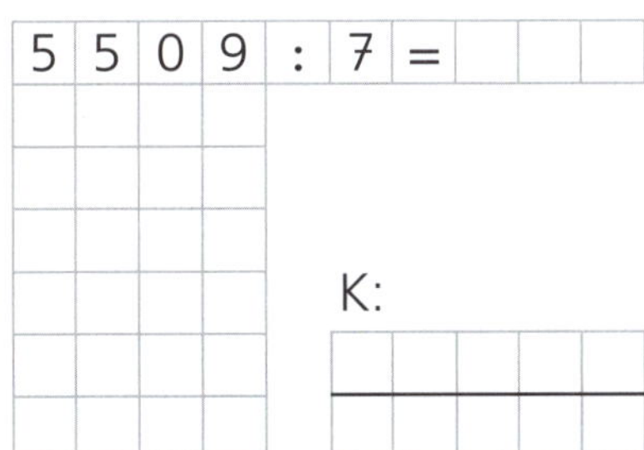


**6**

**7**

**8**

**1** Überschlagsrechnen bei der Division. Achte auf den Divisor.

| Aufgabe | die zwei ersten Stellen gerundet | nächste teilbare Zahl | Überschlag |
|---|---|---|---|
| 3 624 : 8 | 36 | 40 | 4 000 : 8 = |
| 4 077 : 9 | | | |
| 5 808 : 8 | | | |
| 7 605 : 5 | | | |
| 4 773 : 3 | | | |

**2** Überschlag: ______________________

3 6 2 4 : 8 =

K:

**3** Überschlag: ______________________

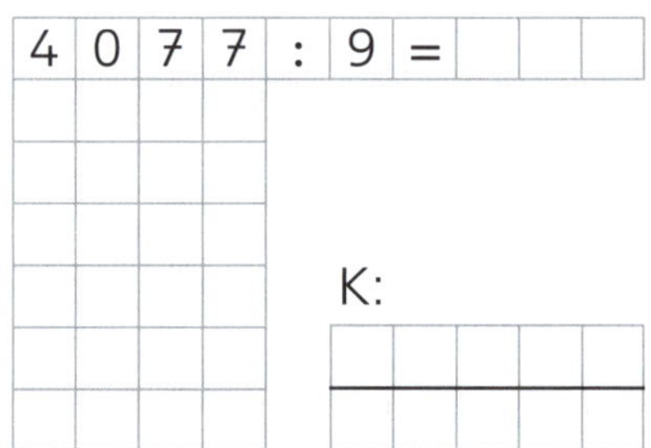

4 0 7 7 : 9 =

K:

**4**

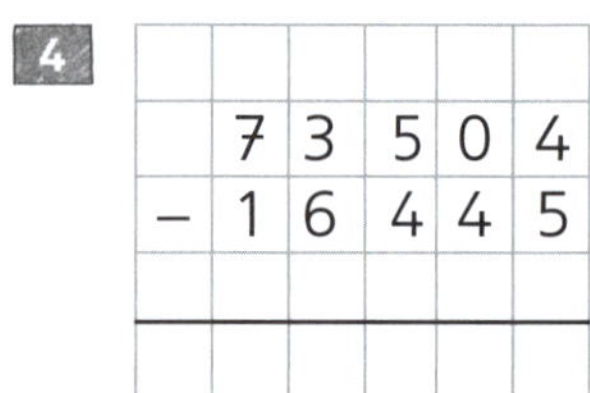

| | 7 | 3 | 5 | 0 | 4 |
|---|---|---|---|---|---|
| – | 1 | 6 | 4 | 4 | 5 |

**5**

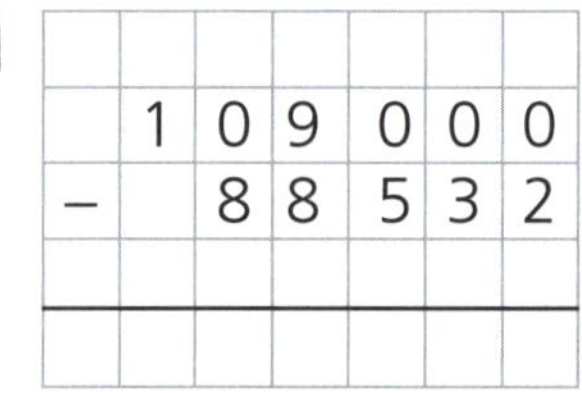

| | 1 | 0 | 9 | 0 | 0 | 0 |
|---|---|---|---|---|---|---|
| – | | 8 | 8 | 5 | 3 | 2 |

**6**

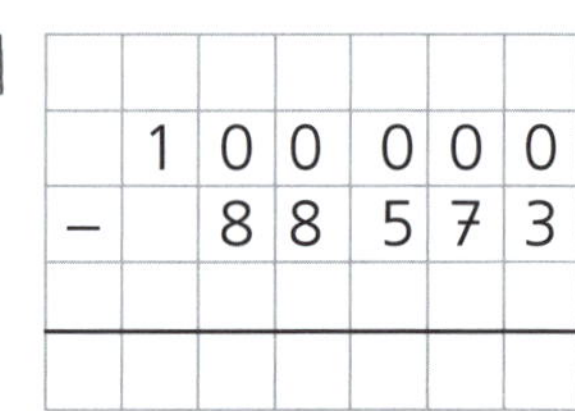

| | 1 | 0 | 0 | 0 | 0 | 0 |
|---|---|---|---|---|---|---|
| – | | 8 | 8 | 5 | 7 | 3 |

Rechne soweit du kannst. Fertig, los!

**7**

303 + 10 = ______

302 + 15 = ______

301 + 20 = ______

300 + 25 = ______

**8**

2 · 10 = ______

4 · 12 = ______

6 · 14 = ______

8 · 16 = ______

**9**

100 – 9 = ______

200 – 18 = ______

400 – 27 = ______

800 – 36 = ______

## Konzentrationsübung (Zur Kontrolle von rechts nach links!)

Streiche die falschen Ergebnisse durch.

**1** 7 + 3 + 9 + 3 + 5 + 4 + 1 + 6 + 8 + 4 + 6 = | 48 | 53 | 56 |

**2** 8 + 2 + 5 + 7 + 4 + 6 + 9 + 4 + 7 + 8 + 5 = | 65 | 67 | 72 |

**3** 4 + 7 + 6 + 7 + 5 + 5 + 7 + 6 + 6 + 9 + 9 = | 66 | 71 | 80 |

**4** 1 + 2 + 3 + 4 + 5 + 6 + 7 + 8 + 9 + 1 + 2 = | 46 | 47 | 48 |

**5** 5 + 8 + 4 + 7 + 9 + 6 + 3 + 9 + 8 + 5 + 9 = | 73 | 78 | 84 |

Kontrolliere jede Aufgabe.

**6** 395 + 27 = ______

**7** 216 − 24 = ______

**8** 485 + 27 = ______

Addiere zur Kontrolle von unten nach oben.

**9**

| | | | | | |
|---|---|---|---|---|---|
| | 8 | 3 | 7 | 2 | 1 |
| | | | | | |
| − | | 4 | 9 | 6 | 5 |
| − | 3 | 2 | 1 | 4 | 4 |
| − | 1 | 7 | 4 | 8 | 2 |
| | | | | | |
| | | | | | |

**10**

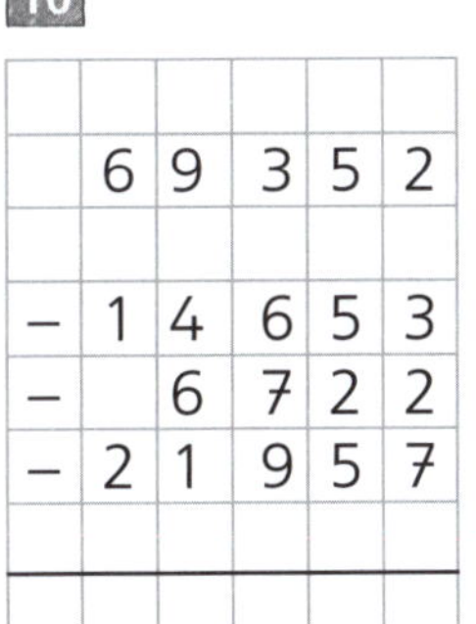

| | | | | | |
|---|---|---|---|---|---|
| | 6 | 9 | 3 | 5 | 2 |
| | | | | | |
| − | 1 | 4 | 6 | 5 | 3 |
| − | | 6 | 7 | 2 | 2 |
| − | 2 | 1 | 9 | 5 | 7 |
| | | | | | |
| | | | | | |

**11**

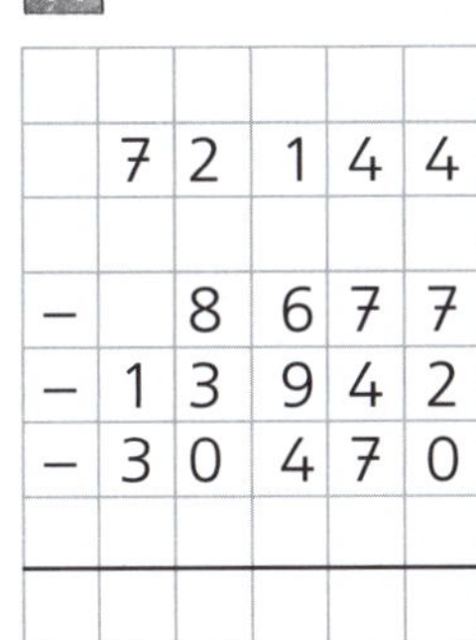

| | | | | | |
|---|---|---|---|---|---|
| | 7 | 2 | 1 | 4 | 4 |
| | | | | | |
| − | | 8 | 6 | 7 | 7 |
| − | 1 | 3 | 9 | 4 | 2 |
| − | 3 | 0 | 4 | 7 | 0 |
| | | | | | |
| | | | | | |

**12**

| | | | | | |
|---|---|---|---|---|---|
| | 9 | 0 | 2 | 1 | 0 |
| | | | | | |
| − | | 7 | 4 | 3 | 6 |
| − | 2 | 1 | 0 | 7 | 4 |
| − | 1 | 7 | 6 | 0 | 5 |
| | | | | | |
| | | | | | |

**13**

| | | | | |
|---|---|---|---|---|
| a 5 | b 6 | ▒ | c | d |
| e 2 | | f | ▒ | |
| ▒ | g | | h | |
| i | ▒ | j | | ▒ |
| k | l | ▒ | m | n |
| o | | p | ▒ | |

**waagerecht:**

a) 7 · 8
c) 4 · 7
e) 176 + 88
g) 3 · 2 110
i) 24 : 12
j) 108 : 9
k) 65 : 5
m) 9 · 9
o) 32 · 4

**senkrecht:**

a) 2 · 26
b) 6 · 111
d) 126 + 674
f) 235 + 196
h) 4 · 80 + 8
i) 105 + 106
l) 4 · 8
n) 99 : 9
p) 72 : 9

| A | E | F | G | I | K | L | N | O | P | R | S | T | U | W | Y |
|---|---|---|---|---|---|---|---|---|---|---|---|---|---|---|---|
| 0 | 6 | 7 | 9 | 12 | 15 | 18 | 20 | 32 | 49 | 56 | 68 | 108 | 123 | 171 | 184 |

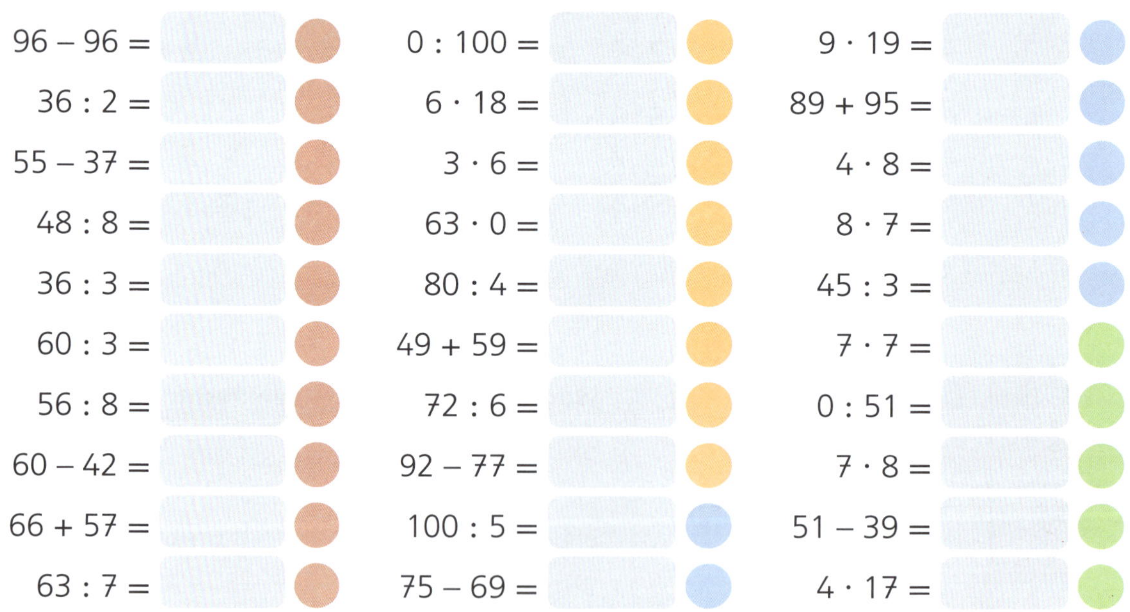

| | | |
|---|---|---|
| 96 – 96 = | 0 : 100 = | 9 · 19 = |
| 36 : 2 = | 6 · 18 = | 89 + 95 = |
| 55 – 37 = | 3 · 6 = | 4 · 8 = |
| 48 : 8 = | 63 · 0 = | 8 · 7 = |
| 36 : 3 = | 80 : 4 = | 45 : 3 = |
| 60 : 3 = | 49 + 59 = | 7 · 7 = |
| 56 : 8 = | 72 : 6 = | 0 : 51 = |
| 60 – 42 = | 92 – 77 = | 7 · 8 = |
| 66 + 57 = | 100 : 5 = | 51 – 39 = |
| 63 : 7 = | 75 – 69 = | 4 · 17 = |

Der amerikanische Pilot Charles A. Lindbergh überquerte

1927 im ☐☐☐☐☐☐☐☐☐☐ als Erster den ☐☐☐☐☐☐☐☐

von ☐☐☐ ☐☐☐☐ nach ☐☐☐☐☐ .

**1** Überschlagsrechnen bei der Division. Achte auf den Divisor.

| Aufgabe | die zwei ersten Stellen gerundet | nächste teilbare Zahl | Überschlag |
|---|---|---|---|
| 2358 : 3 | 24 | 24 | 2400 : 3 = |
| 2685 : 3 | | | |
| 2360 : 5 | | | |
| 4820 : 5 | | | |
| 3032 : 8 | | | |
| 4688 : 8 | | | |

**2** Ü: ________________

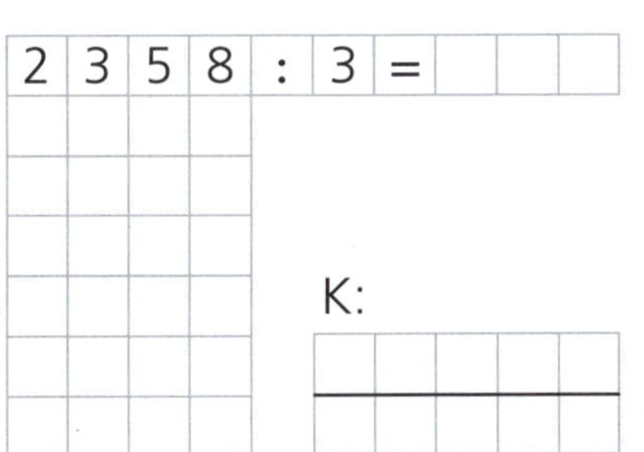


**3** Ü: ________________

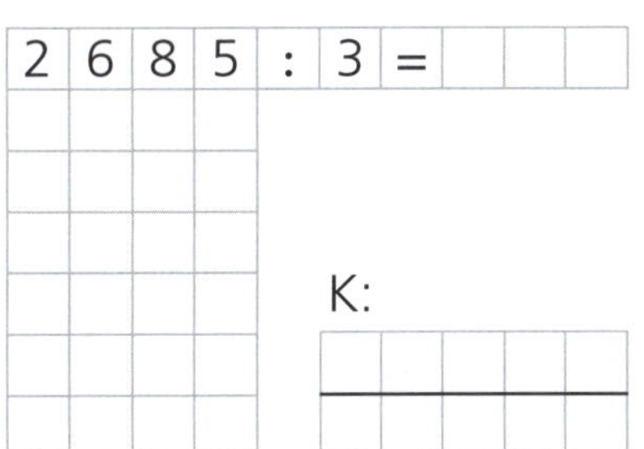


**4** Ü: ________________

2 3 6 0 : 5 =

K:

**5** Ü: ________________

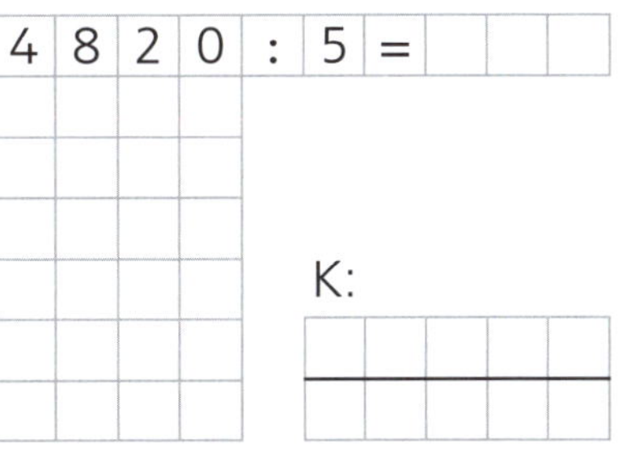


**6** Ü: ________________

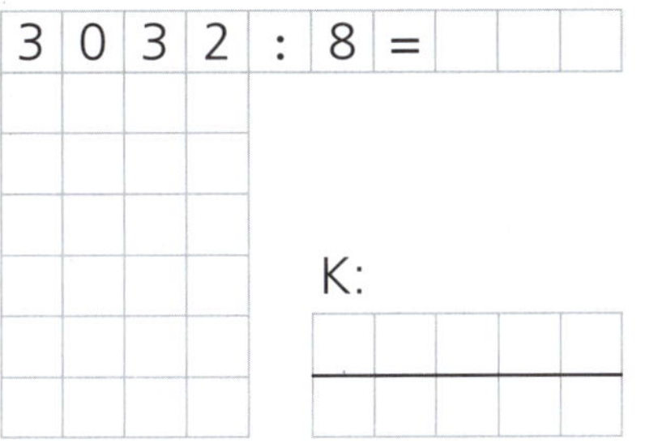


**7** Ü: ________________

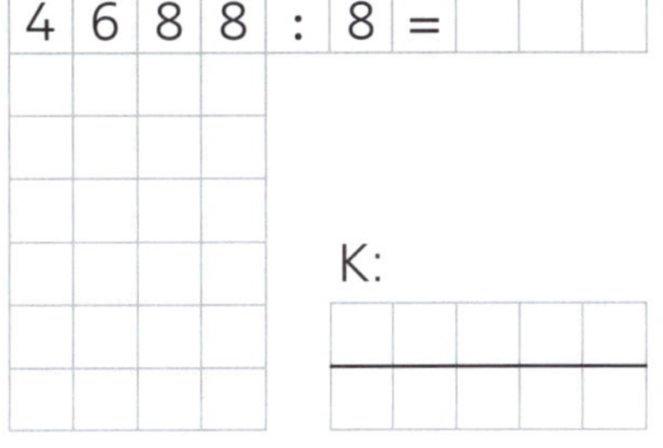

# Mathe-fit-Test 3

**1** Überschlagsrechnen bei der Division

| Aufgabe | die zwei ersten Stellen gerundet | nächste teilbare Zahl | Überschlag |
|---|---|---|---|
| 3708 : 4 | | | |
| 3340 : 4 | | | |
| 3858 : 6 | | | |
| 3414 : 6 | | | |
| 3645 : 9 | | | |
| 6903 : 9 | | | |
| 2093 : 7 | | | |
| 3920 : 7 | | | |
| 5648 : 8 | | | |
| 3912 : 8 | | | |

**2** Überschlag:

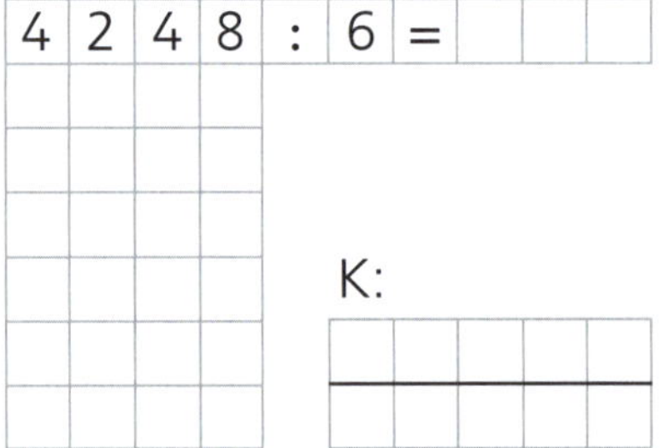

4248 : 6 =

K:

**3** Überschlag:

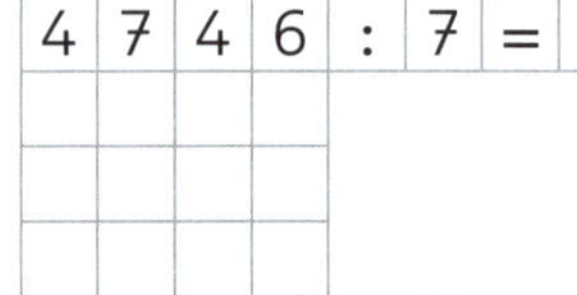

4746 : 7 =

K:

**4** 327 – 36 =

**5** 492 + 35 =

**6** 615 – 220 =

**7** 9 + 5 + 9 + 5 + 9 + 5 + 9 + 5 + 9 + 5 =

**8** 9 + 5 + 4 + 3 + 2 + 1 + 9 + 8 + 7 + 6 =

**9** 2 + 3 + 5 + 6 + 6 + 8 + 7 + 7 + 6 + 0 =



Du hast ☐ Aufgaben richtig gelöst.

Potenzschreibweise (Beispiele)

| | |
|---|---|
| $2^5 = 2 \cdot 2 \cdot 2 \cdot 2 \cdot 2 = 32$ | $4^4 = 4 \cdot 4 \cdot 4 \cdot 4 = 256$ |
| $3^4 = 3 \cdot 3 \cdot 3 \cdot 3 = 81$ | $10^3 = 10 \cdot 10 \cdot 10 = 1000$ |
| $8^2 = 8 \cdot 8 = 64$ | $20^2 = 20 \cdot 20 = 400$ |

**1**

$3^2 = 3 \cdot 3 = 9$ ✓

$3^3 =$ ______ = ______

$3^4 =$ ______ = ______

$4^2 =$ ______ = ______

$4^3 =$ ______ = ______

$6^2 =$ ______ = ______

$7^2 =$ ______ = ______

$8^2 =$ ______ = ______

**2**

$5^2 =$ ______ = ______

$5^3 =$ ______ = ______

$5^4 =$ ______ = ______

$10^2 =$ ______ = ______

$10^3 =$ ______ = ______

$10^4 =$ ______ = ______

$2^4 =$ ______ = ______

$2^6 =$ ______ = ______

**3**

| · | 7 | 70 | 5 | 50 | 80 |
|---|---|---|---|---|---|
| 100 | | | | | |
| 4 000 | | | | | |
| 900 | | | | | |
| 7 000 | | | | | |
| 300 | | | | | |
| 8 000 | | | | | |

**4** **5** **6**

**1** Überschlagsrechnen bei der Multiplikation

Rechenweg für 4 000 · 70

4 T · 7 = 28 T    28 T · 10 = 280 T    280 T = 280 000

| Aufgabe | erste Zahl gerundet | Rechenweg | Überschlag |
|---|---|---|---|
| 4 325 · 70 | 4 000 | 4 T · 70 = 280 T | 4 000 · 70 = 280 000 ✓ |
| 3 659 · 40 | | | |
| 8 203 · 20 | | | |
| 2 997 · 80 | | | |
| 6 426 · 50 | | | |
| 7 538 · 30 | | | |
| 5 666 · 60 | | | |
| 9 172 · 30 | | | |
| 5 555 · 70 | | | |

Vergleiche das Ergebnis mit dem Überschlag. ✓ heißt: Es kann stimmen!

**2** Ü: 4 000 · 70 = 280 000

4 3 2 5 · 7 0
3 0 2 7 5 0 ✓

**3** Ü: ______

3 6 5 9 · 4 0

**4** Ü: ______

8 2 0 3 · 2 0

**5** Ü: ______

2 9 9 7 · 8 0

**6** Ü: ______

6 4 2 6 · 5 0

**7** Ü: ______

7 5 3 8 · 3 0

**8** Ü: ______

5 6 6 6 · 6 0

**9** Ü: ______

9 1 7 2 · 3 0

**10** Ü: ______

5 5 5 5 · 7 0

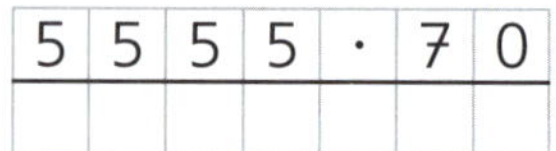

**1** Ü: 3 000 · 60 =
180 000

| 2 | 9 | 9 | 7 | · | 6 | 0 |
|---|---|---|---|---|---|---|
| | | | | | 2 | |

**2** Ü:

| 6 | 4 | 2 | 6 | · | 8 | 0 |
|---|---|---|---|---|---|---|
| | | | | | | |

**3** Ü:

| 7 | 5 | 3 | 8 | · | 7 | 0 |
|---|---|---|---|---|---|---|
| | | | | | | |

**4** Ü:

| 3 | 4 | 7 | 2 | · | 6 | 0 |
|---|---|---|---|---|---|---|
| | | | | | | |

**5** Ü:

| 9 | 1 | 3 | 5 | · | 2 | 0 |
|---|---|---|---|---|---|---|
| | | | | | | |

**6** Ü:

| 4 | 3 | 5 | 6 | · | 9 | 0 |
|---|---|---|---|---|---|---|
| | | | | | | |

**7**
268 + 4 =
268 + 7 =
268 + 40 =
268 + 55 =

**8**
995 + 7 =
995 + 20 =
995 + 35 =
995 + 77 =

**9**
487 + 5 =
487 + 20 =
487 + 73 =
487 + 88 =

**10**
$6^3$ = 6 · 6 · 6 = 216 ✓
$8^2$ = =
$3^4$ = =
$10^3$ = =
$5^3$ = =
$1^4$ = =

**11**
$7^2$ = =
$7^3$ = =
$9^2$ = =
$9^3$ = =
$4^3$ = =
$4^4$ = =

**12**
515 – 120 =

**13**
607 – 62 =

**14**
838 – 55 =

**15**
786 + 120 =

**16**
697 + 62 =

**17**
878 + 55 =

**1** Ü: ______________________

______________________

| 5 | 3 | 7 | 2 | · | 4 | 0 |
|---|---|---|---|---|---|---|
|   |   |   |   |   |   |   |

**2** Ü: ______________________

______________________

| 5 | 3 | 7 | 2 | · | 9 | 0 |
|---|---|---|---|---|---|---|
|   |   |   |   |   |   |   |

**3** Ü: ______________________

______________________

| 5 | 3 | 7 | 2 | · | 7 | 0 |
|---|---|---|---|---|---|---|
|   |   |   |   |   |   |   |

**4** Ü: ______________________

______________________

| 4 | 8 | 3 | 9 | · | 3 | 0 |
|---|---|---|---|---|---|---|
|   |   |   |   |   |   |   |

**5** Ü: ______________________

______________________

| 4 | 8 | 3 | 9 | · | 8 | 0 |
|---|---|---|---|---|---|---|
|   |   |   |   |   |   |   |

**6** Ü: ______________________

______________________

| 4 | 8 | 3 | 9 | · | 6 | 0 |
|---|---|---|---|---|---|---|
|   |   |   |   |   |   |   |

**7** 617 + 3 050 + 4 833 + 97 = ________

**8** 4 219 + 86 + 3 699 + 144 = ________

**9** 9 000 – 822 – 1 555 = ________

**10** 6 427 – 2 433 – 777 = ________

Nr. 7

Nr. 8

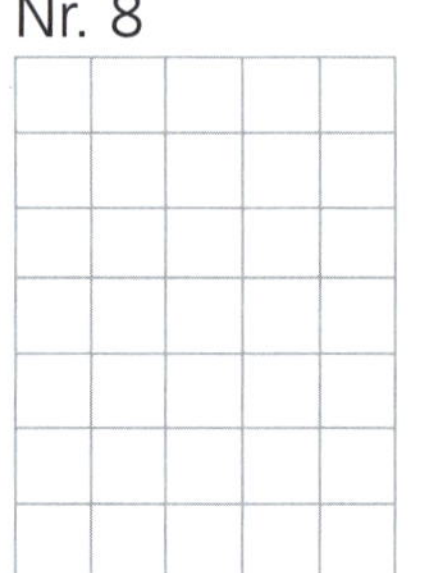

Nr. 9

Nr. 10

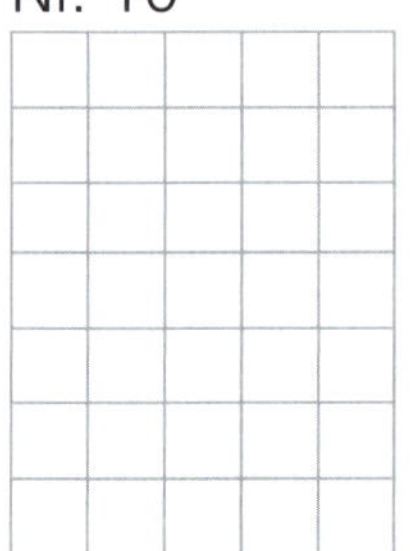

Rechne soweit du kannst. Fertig, los!

**11**

$2^2$ = 4 ✓

$2^3$ = 8 ✓

$2^4$ = ________

$2^5$ = ________

**12**

$2^2$ – 4 = ________

$4^2$ – 16 = ________

$6^2$ – 36 = ________

$8^2$ – 64 = ________

**13**

111 + 111 = ________

222 + 222 = ________

333 + 333 = ________

444 + 444 = ________

**1** 24 : 8 = ______ K: ______________________

2 400 : 8 = ______ K: ______________________

240 : 80 = ______ K: ______________________

**2** 24 : 6 = ______ K: ______________________

240 : 6 = ______ K: ______________________

2 400 : 60 = ______ K: ______________________

**3** 45 : 9 = ______ K: ______________________

4 500 : 9 = ______ K: ______________________

450 : 90 = ______ K: ______________________

**4** 3 500 : 70 = ______

3 500 : 50 = ______

1 000 : 10 = ______

2 800 : 40 = ______

1 200 : 30 = ______

7 200 : 90 = ______

7 200 : 80 = ______

8 000 : 80 = ______

5 400 : 60 = ______

2 400 : 20 = ______

3 000 : 50 = ______

**5** Ü: ______________________

5 0 2 4 : 8 =

K:

**6** Ü: ______________________

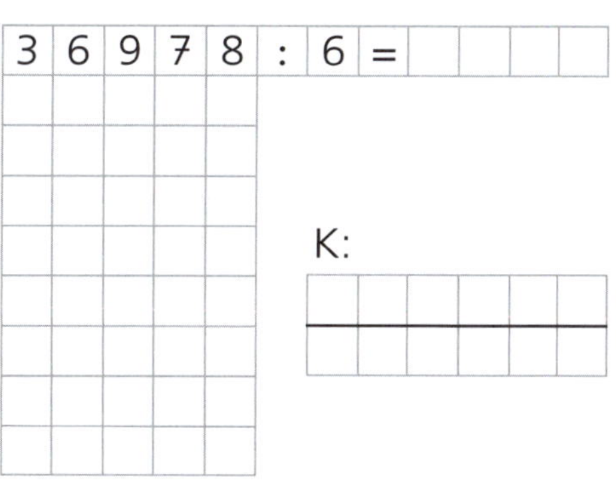


**7**

| a 2 | b 4 | ▒ | c | d |
|---|---|---|---|---|
| e | | f | ▒ | |
| | ▒ | g | h | |
| ▒ | i | | | ▒ |
| j | | ▒ | k | |

**waagerecht:**

a) das Doppelte von 12
c) die Hälfte von 98
e) das Vierfache von 31
g) das Sechsfache von 40
i) das Doppelte von 175
j) $\frac{1}{2}$ von 72
k) $\frac{1}{4}$ von 200

**senkrecht:**

a) 420 : 2
b) 6 · 7
c) 32 : 8
d) 150 · 6
f) 500 – 75
h) 120 + 285
i) 100 – 64

**1**

| : | 90 | 10 |
|---|---|---|
| 540 | | |
| 5 400 | | |
| 180 | | |
| 2 700 | | |
| 900 | | |
| 6 300 | | |
| 360 | | |
| 8 100 | | |
| 450 | | |

**2**

320 : 4 = ______ K: 80 · 4 = ______

3 200 : 40 = ______ K: ______

320 : 40 = ______ K: ______

**3**

56 : 7 = ______ K: ______

5 600 : 7 = ______ K: ______

560 : 7 = ______ K: ______

**4**

360 : 60 = ______ K: ______

3 600 : 60 = ______ K: ______

3 600 : 6 = ______ K: ______

**5**

$2^2$ = 2 · 2 = 4 ✓

$3^2$ = ______ = ______

$4^2$ = ______ = ______

$5^2$ = ______ = ______

$6^2$ = ______ = ______

**6**

$7^2$ = ______ = ______

$8^2$ = ______ = ______

$9^2$ = ______ = ______

$10^2$ = ______ = ______

$12^2$ = ______ = ______

**7**

4 · 4 · 4 · 4 = $4^4$ ✓

15 · 15 = ______

6 · 6 · 6 · 6 = ______

9 · 9 · 9 = ______

20 · 20 = ______

**8**

| | | | | | |
|---|---|---|---|---|---|
| | 5 | 7 | 2 | 0 | 8 |
| – | 4 | 3 | 2 | 2 | 6 |
| | | | | | |

**9**

| | | | | | | |
|---|---|---|---|---|---|---|
| | 1 | 3 | 0 | 1 | 1 | 1 |
| – | | 8 | 8 | 8 | 8 | 8 |
| | | | | | | |

**10**

| | | | | | |
|---|---|---|---|---|---|
| | 6 | 3 | 2 | 4 | 8 |
| – | 4 | 0 | 3 | 5 | 8 |
| | | | | | |

**11**

| | | | | |
|---|---|---|---|---|
| a 1 | b 4 | c 4 | ■ | d |
| ■ | e | | f | |
| g | | ■ | h | |
| | ■ | i | | ■ |
| j | k | | ■ | l |

waagerecht:

a) $12^2$

e) 725 + 850

g) das Dreifache von 24

h) 6 · 9

i) 4 · 13

j) 22 · 20

senkrecht:

b) 2 · 206

c) 9 · 5

d) 11 · 14

f) 1000 – 248

g) 181 · 4

i) 2 · 25

k) 32 : 8

l) 1000 : 500

**1** Ü: 

12786 · 40

**2** Ü: 

33059 · 70

**3** Ü: 

57804 · 90

**4** Ü: 

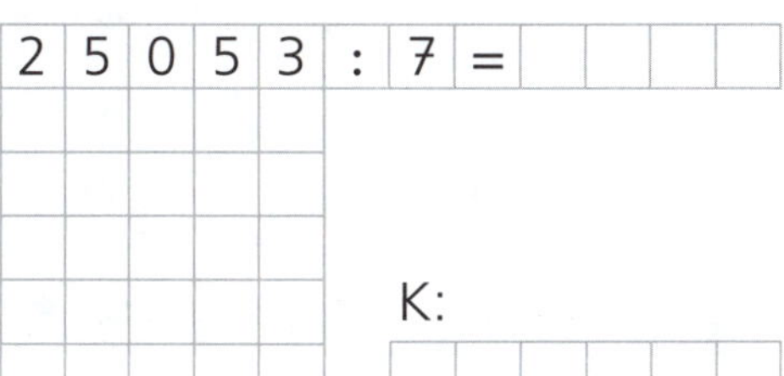

25053 : 7 = 

K: 

**5** Ü: 

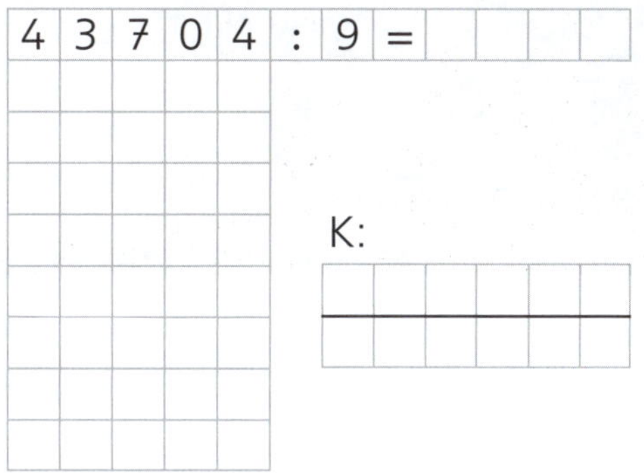

43704 : 9 = 

K: 

**6**

4 € 16 ct = 4,16 € ✓

13 € 50 ct = ______

25 ct = ______

1 € 9 ct = ______

437 ct = ______

**7**

500 ct = ______

99 ct = ______

56 € 15 ct = ______

50 ct = ______

11 € 99 ct = ______

**8**

1,50 € = 150 ct ✓

0,33 € = ______

10,00 € = ______

7,65 € = ______

0,99 € = ______

Rechne schriftlich.

**9** 17,50 € – 583 ct = ______

**10** 50 € 85 ct – 25,76 € = ______

**11** 12,99 € + 516 ct + 86 ct + 1,79 € = ______

**12** 37 € + 18,09 € + 49 ct + 11 € = ______

Nr. 9

Nr. 10

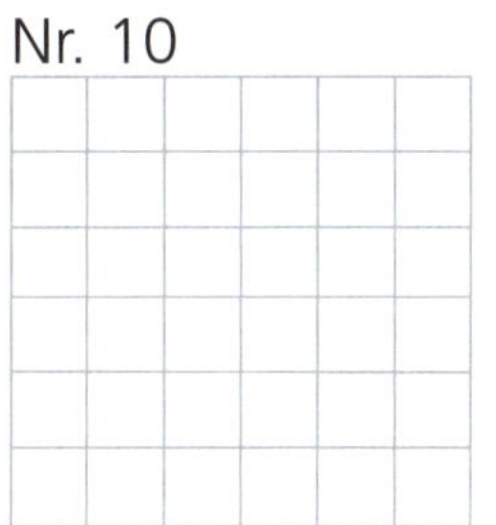

Nr. 11

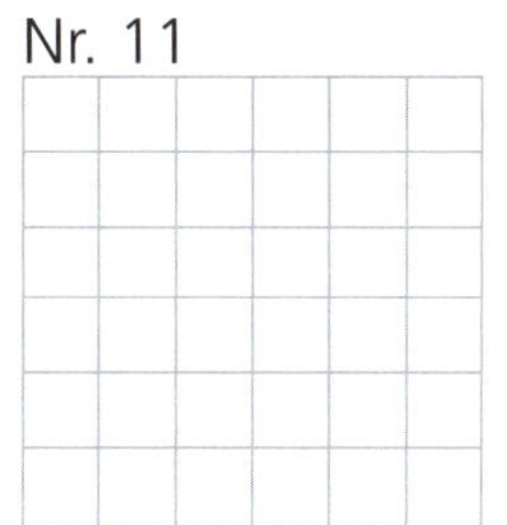

Nr. 12

| A | B | C | H | I | K | L | M | N | O | P | R | S | T | U | . |
|---|---|---|---|---|---|---|---|---|---|---|---|---|---|---|---|
| 6 | 7 | 8 | 9 | 10 | 16 | 25 | 36 | 49 | 64 | 81 | 90 | 121 | 144 | 379 | 400 |

| | | | |
|---|---|---|---|
| 64 : 8 = | | 360 : 10 = | | 280 : 40 = | |
| 360 : 40 = | | 420 : 60 = | | 480 : 80 = | |
| 1800 : 20 = | | 450 – 71 = | | 630 : 70 = | |
| 100 : 10 = | | 75 + 46 = | | 200 : 20 = | |
| 80 + 41 = | | 630 : 90 = | | $11^2$ = | |
| $12^2$ = | | 360 : 60 = | | 120 – 39 = | |
| 110 – 46 = | | $3^2$ = | | 300 : 50 = | |
| $9^2$ = | | 420 : 70 = | | $7^2$ = | |
| 810 : 90 = | | $6^2$ = | | 500 : 50 = | |
| $4^2$ = | | 240 : 40 = | | $8^2$ = | |
| 130 – 66 = | | 200 – 79 = | | 100 – 75 = | |
| $5^2$ = | | 640 : 40 = | | 180 : 30 = | |
| 500 – 121 = | | 280 + 99 = | | 325 + 75 = | |

Im Jahr 1492 entdeckte ___ ___ die ___, ___ und ___ (Haiti) ___

**1** Ü: ____________________

____________________

| 5 | 6 | 2 | 9 | · | 8 | 0 |
|---|---|---|---|---|---|---|
|  |  |  |  |  |  |  |

**2** Ü: ____________________

____________________

| 4 | 2 | 0 | 7 | 8 | · | 5 | 0 |
|---|---|---|---|---|---|---|---|
|  |  |  |  |  |  |  |  |

**3** Ü: ____________________

____________________

| 2 | 7 | 8 | 0 | 0 | 4 | · | 9 | 0 |
|---|---|---|---|---|---|---|---|---|
|  |  |  |  |  |  |  |  |  |

**4** $2^4$ = ____________ = ______

$3^3$ = ____________ = ______

$10^2$ = ____________ = ______

**5** $8^2$ = ____________________ = ____________

$5^3$ = ____________________ = ____________

$10^5$ = ____________________ = ____________

Rechne schriftlich.

**6** 59 € 95 ct – 12,50 € – 3 € 66 ct – 20 € 85 ct = ____________

**7** 16,09 € – 516 ct – 8 € 39 ct – 97 ct = ____________

**8** 80 € – 25 € 50 ct – 19,99 € – 18 € = ____________

Nr. 6

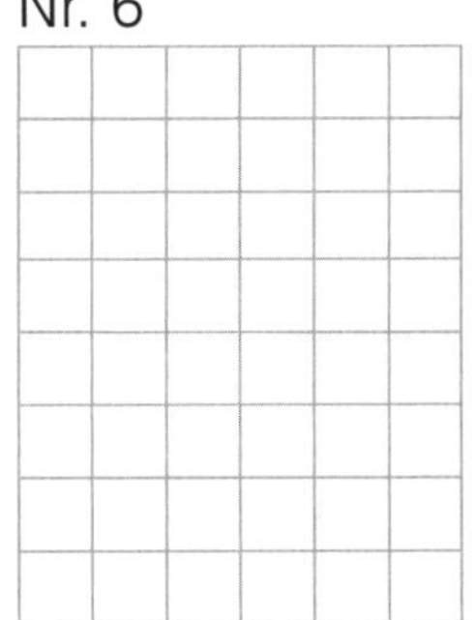

Nr. 7

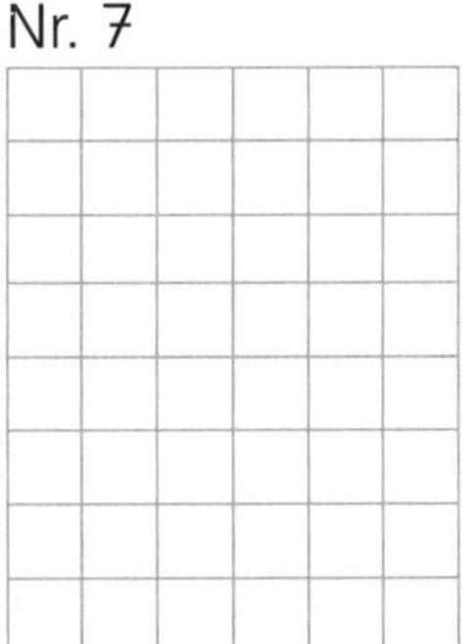

Nr. 8

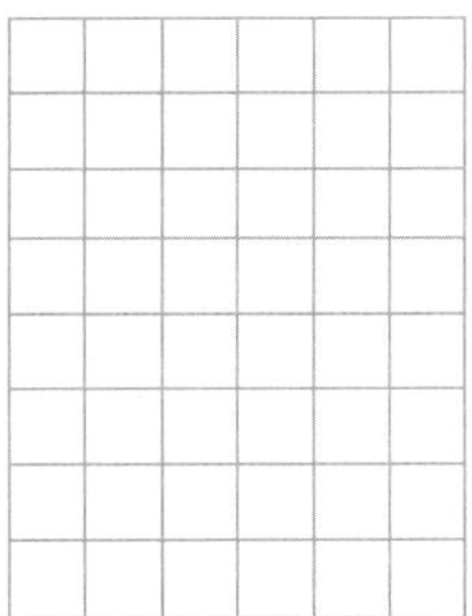

**9**
500 – 60 =
510 – 65 =
533 – 60 =
527 – 65 =

**10**
670 + 30 =
660 + 58 =
680 + 62 =
685 + 47 =

**11**
1 000 – 500 =
1 100 – 550 =
1 050 – 100 =
1 236 – 300 =

**12**
490 : 70 =
240 : 30 =

**13**
300 : 50 =
320 : 8 =

**14**
8 100 : 90 =
2 400 : 60 =

# Mathe-fit-Test 4

1

| · | 7 | 12 | 18 | 500 | 6 000 |
|---|---|---|---|---|---|
| 10 | | | | | |
| 9 | | | | | |
| 100 | | | | | |

2
314 – 14 =
314 – 20 =
514 – 34 =
714 – 250 =

3
767 + 33 =
567 + 60 =
467 + 140 =
867 + 83 =

4
902 – 7 =
902 – 40 =
817 – 50 =
817 – 68 =

5 Ü:

| 3 | 0 | 9 | 7 | · | 6 | 0 |
|---|---|---|---|---|---|---|
| | | | | | | |

6 Ü:

| 8 | 7 | 6 | 5 | · | 7 | 0 |
|---|---|---|---|---|---|---|
| | | | | | | |

7 Ü:

6 6 7 2 : 8 =

K:

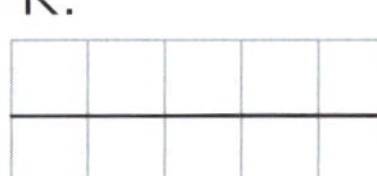

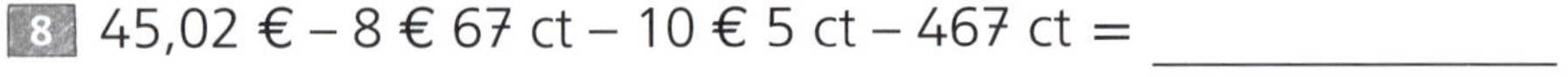
8 45,02 € – 8 € 67 ct – 10 € 5 ct – 467 ct =

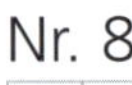
9 12 € 7 ct – 48 ct – 6 € 50 ct – 399 ct =

Nr. 8

Nr. 9

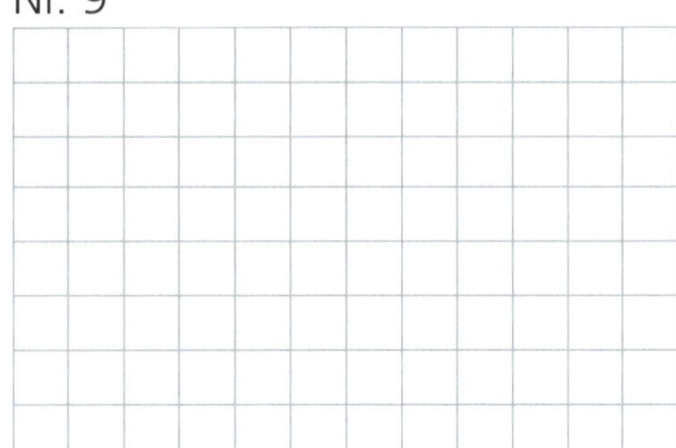



Du hast ☐ Aufgaben richtig gelöst.

1

| · | 3 | 6 | 4 | 5 | 7 | 8 | 9 | 10 | 20 | 1 000 |
|---|---|---|---|---|---|---|---|---|---|---|
| 12 | | | | | | | | | | |
| 15 | | | | | | | | | | |

2

| : | 12 |
|---|---|
| 24 | |
| 60 | |
| 36 | |
| 72 | |
| 120 | |
| 240 | |
| 108 | |
| 96 | |
| 48 | |
| 84 | |
| 180 | |

3

| : | 15 |
|---|---|
| 150 | |
| 300 | |
| 165 | |
| 15 | |
| 30 | |
| 90 | |
| 75 | |
| 120 | |
| 105 | |
| 0 | |
| 180 | |

4

| : | 12 |
|---|---|
| 40 | |
| 50 | |
| 15 | |
| 30 | |
| 80 | |
| 110 | |
| 91 | |
| 70 | |
| 57 | |
| 67 | |
| 86 | |

Kontrolle: (Umkehraufgabe)

3 · 12 + 4 =

5 3888 : 12 =

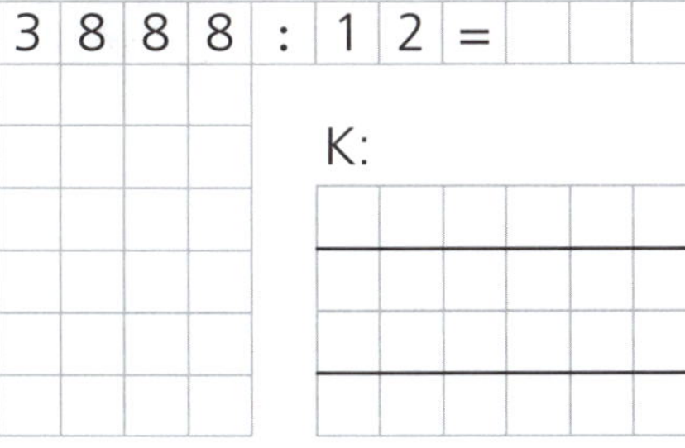

K:

6 4305 : 15 =

K:

7 6432 : 12 =

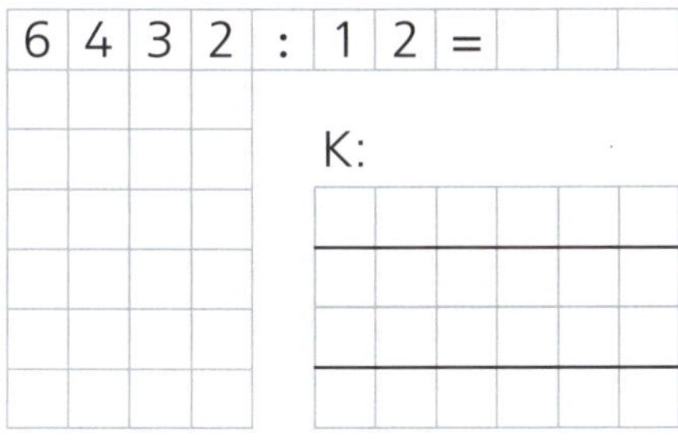

K:

8 8040 : 15 =

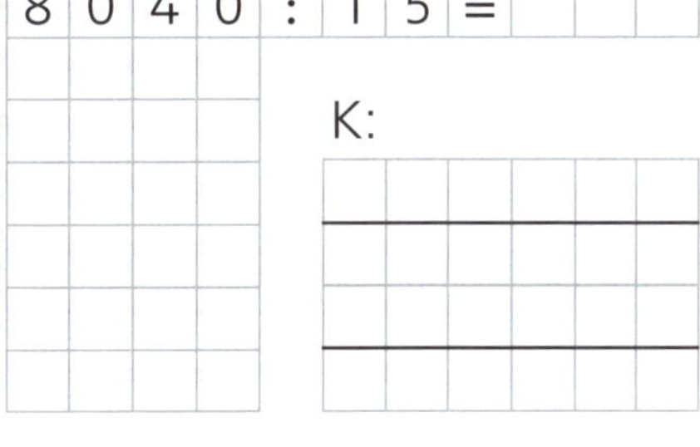

K:

Denke daran: Punktrechnung (· und :) geht vor Strichrechnung (+ und –).

**1** $87 + 5 \cdot 12 =$ ____

87 + 60 ____

**5** $4 \cdot 30 + 5 \cdot 16 - 57 =$ ____

____

**2** $6 \cdot 12 - 3 \cdot 15 =$ ____

____

**6** $6 \cdot 60 - 200 + 6 \cdot 19 =$ ____

____

**3** $320 : 8 - 16 =$ ____

____

**7** $800 + 6 \cdot 12 - 90 =$ ____

____

**4** $8 \cdot 30 - 7 \cdot 12 =$ ____

____

**8** $5 \cdot 70 - 96 : 12 =$ ____

____

**9**

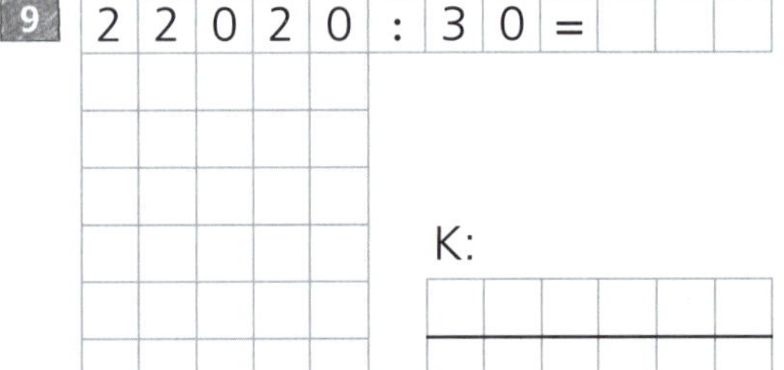

2 2 0 2 0 : 3 0 =

K:

**10**

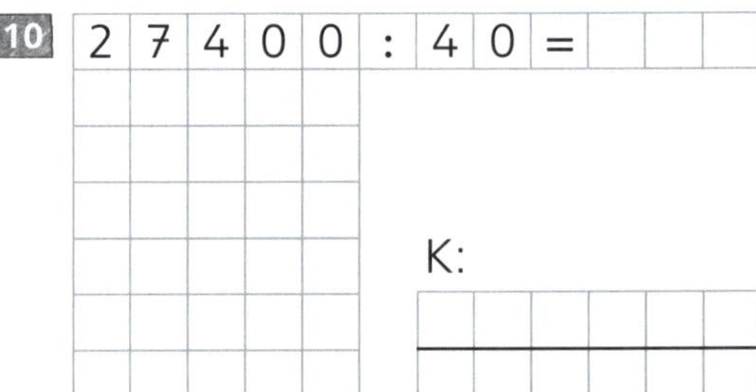

2 7 4 0 0 : 4 0 =

K:

Rechne soweit du kannst. Fertig, los!

**11**

$1000 - 2^2 =$ ____

$2000 - 3^2 =$ ____

$3000 - 4^2 =$ ____

$4000 - 5^2 =$ ____

**12**

195 + 6 = ____

295 + 12 = ____

395 + 18 = ____

495 + 24 = ____

**13**

780 – 12 = ____

760 – 24 = ____

740 – 36 = ____

720 – 48 = ____

**1**

1 000 g = 1,000 kg ✓
550 g = ______
2 380 g = ______
75 g = ______

**2**

6 kg 300 g = 6,300 kg ✓
0 kg 67 g = ______
6 kg 450 g = ______
1 kg 80 g = ______

**3**

699 g = ______ kg
4 500 g = ______
2 890 g = ______
156 g = ______

**4** 6 500 g + 9 kg 50 g + 840 g + 15 kg + 1 908 g = ______

**5** 8 kg – 875 g – 1,650 kg – 2 400 g = ______

**6** 12,650 kg – 916 g – 3,080 kg – 99 g = ______

Nr. 4

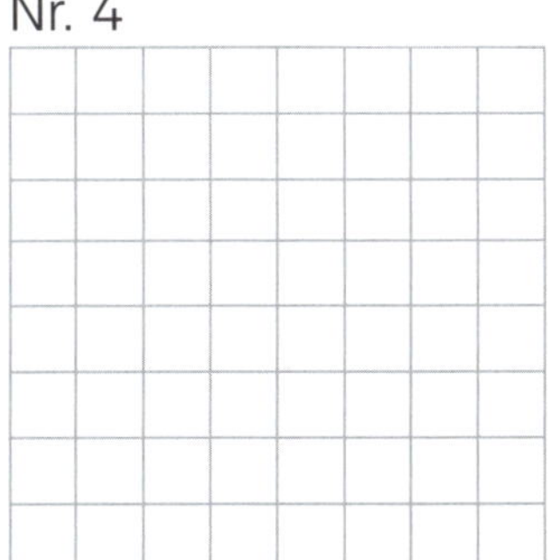

Nr. 5

Nr. 6

**7**

| Zahl z | 18 | 27 | 36 | 120 | | | 240 | | |
|---|---|---|---|---|---|---|---|---|---|
| $\frac{1}{3}$ z | 6 ✓ | | | | 50 | 75 | | 83 | 95 |

**8**

**1**

56 cm = 0,56 m ✓
120 cm = ____
804 cm = ____
2 cm = ____
87 cm = ____

**2**

5 km 12 m = 5,012 km ✓
0 km 800 m = ____
1 km 50 m = ____
7 km = ____
2 km 450 m = ____

**3**

750 m = ____ km
2 000 m = ____
95 m = ____
1 080 m = ____
9 010 m = ____

**4** 740 cm – 2,50 m

**5** 6 500 m – 2,080 km

**6** 704 m + 3 km 20 m

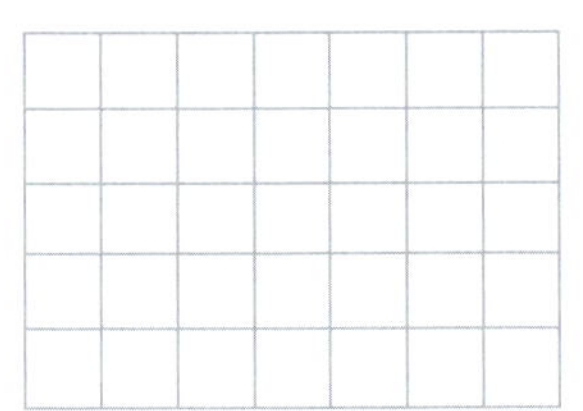

**7** 420 – 7 · 50 + 48 : 12 = ____

420 - 350 +

**8** 8 · 15 + 80 – 90 : 15 = ____

**9** 4 · 13 + 4 · 15 – 100 = ____

**10** 500 + 8 · 30 – 240 : 8 = ____

**11** 310 – 60 + 6 · 15 = ____

**12** 210 : 3 + 450 : 9 – 120 = ____

**13** 360 : 40 + 1 · 991 = ____

**14** 900 – 7 · 80 + 660 = ____

**15**

| Zahl y | 40 | 36 | 20 | 80 |  | 120 |  |  |
|---|---|---|---|---|---|---|---|---|
| $\frac{1}{4}$ y | 10 ✓ |  |  |  |  |  | 80 |  |
| $\frac{3}{4}$ y | 30 ✓ |  |  |  | 75 |  |  | 750 |

**1**

| : | 60 | Kontrolle: (Umkehraufgabe) |
|---|---|---|
| 334 | | 5 · 60 + |
| 205 | | |
| 465 | | |
| 175 | | |
| 251 | | |
| 563 | | |
| 370 | | |
| 517 | | |
| 646 | | |

**2**

| : | 13 | Kontrolle: (Umkehraufgabe) |
|---|---|---|
| 42 | | |
| 81 | | |
| 30 | | |
| 77 | | |
| 96 | | |
| 60 | | |
| 112 | | |
| 107 | | |
| 129 | | |

**3**

147780 : 60 =

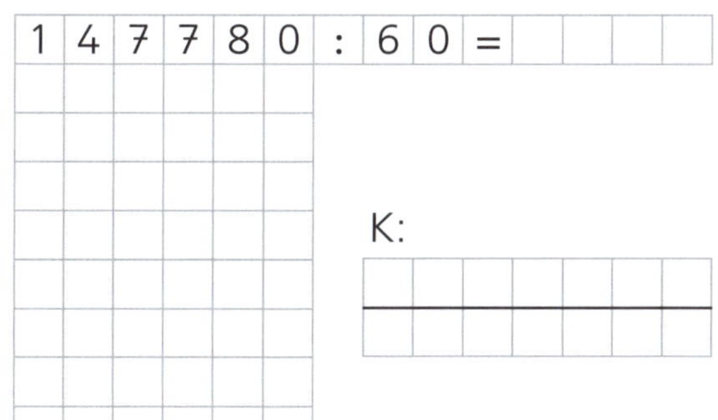

K:

**4**

127491 : 13 =

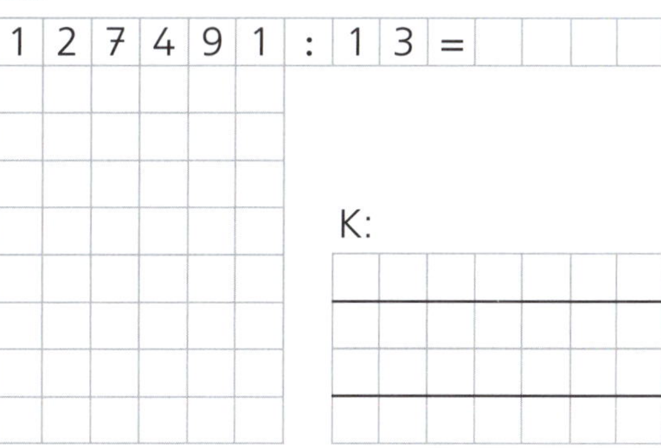

K:

**5**

| a 7 | b 4 | | c | d |
|---|---|---|---|---|
| e | | f | | |
| | | g | | |
| h | i | | | |
| j | | | k | l |
| | m | | | |

**waagerecht:**

a) das Doppelte von 37
c) $\frac{1}{2}$ von 124
e) $13^2$
g) 126 + 153
h) 500 – 180
j) $8^2$
k) 7 · 9
m) das Vierfache von 250

**senkrecht:**

a) 100 – 29
b) 23 · 2
c) 54 : 9
d) 3 · 83
f) 560 + 360
h) 4 · 9
i) 71 + 170
k) $\frac{1}{4}$ von 240
l) 1 500 : 50

**1**
1 000 kg = 1,000 t ✓
500 kg = 0,500 t ✓
2 460 kg = ______
750 kg = ______

**2**
4 t 50 kg = ______
1 t 200 kg = ______
16 t 9 kg = ______
8 t 365 kg = ______

**3**
250 kg = ______
3 000 kg = ______
96 kg = ______
804 kg = ______

**4** 5,950 t – 3 400 kg – 85 kg – 1 t 150 kg = ______

**5** 10 t – 2 t – 1 870 kg – 3 t 50 kg = ______

**6** 9 500 kg – 3 t 250 kg – 1 673 kg – 79 kg = ______

Nr. 4

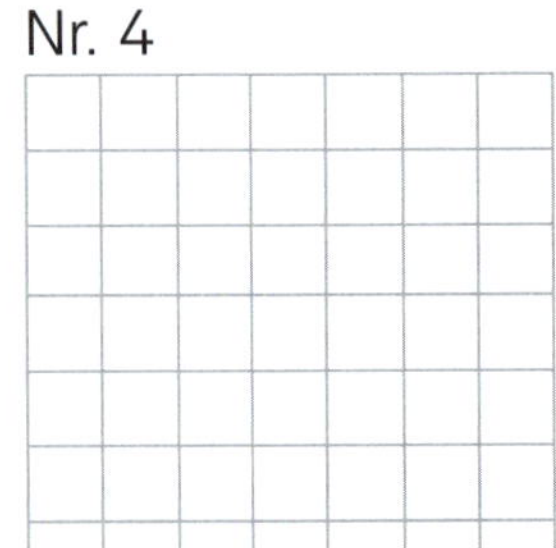

Nr. 5

Nr. 6

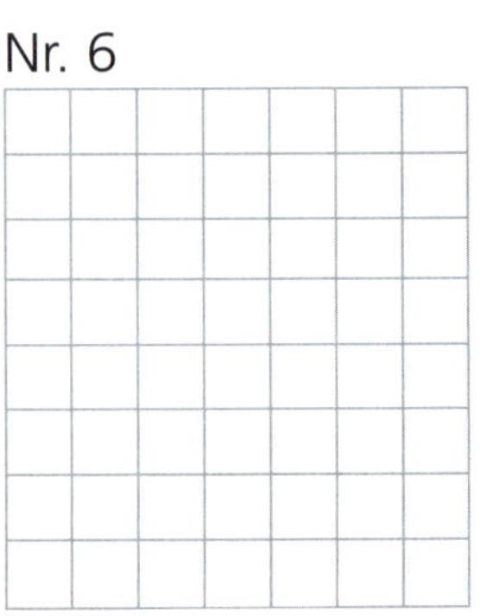

**7** 12 · 15 = ______
150 / 30

**8** 12 · 16 = ______

**9** 12 · 17 = ______

**10** 15 · 15 = ______

**11** 15 · 18 = ______

**12** 15 · 19 = ______

**13** 14 · 11 = ______

**14** 14 · 12 = ______

**15** 14 · 13 = ______

**16**
720 – 50 = ______
720 – 60 = ______
720 – 140 = ______
720 – 270 = ______

**17**
1 100 – 200 = ______
1 100 – 250 = ______
1 100 – 370 = ______
1 100 – 985 = ______

**18**
385 + 40 = ______
395 + 40 = ______
376 + 40 = ______
387 + 46 = ______

**1**

| : | 16 | Kontrolle: (Umkehraufgabe) |
|---|---|---|
| 38 | | 2 · 16 + |
| 90 | | |
| 84 | | |
| 95 | | |
| 153 | | |
| 72 | | |
| 142 | | |
| 119 | | |

**2**

| : | 17 | Kontrolle: (Umkehraufgabe) |
|---|---|---|
| 52 | | |
| 86 | | |
| 111 | | |
| 40 | | |
| 150 | | |
| 79 | | |
| 125 | | |
| 143 | | |

**3**

4 8 9 2 8 : 1 6 =

K:

**4**

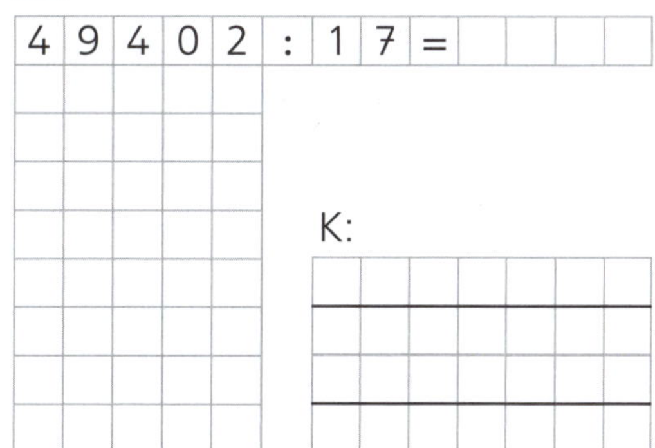

4 9 4 0 2 : 1 7 =

K:

**5**

315 – 7 · 40 =

**6**

630 : 7 + 76 =

**7**

8 · 18 – 70 =

**8**

| a 1 | b 5 | 3 | | c | d |
|---|---|---|---|---|---|
| e | | | f | | |
| | g | h | | | |
| i | | | | | j |
| | | k | | | |

**waagerecht:**

a) 9 · 17

c) 216 : 8

e) 6 · 8

f) 24 · 8

g) $10^4$ – 2 859

i) 1 800 + 1 620

k) 2 000 – 991

**senkrecht:**

a) 126 : 9

b) 2 104 + 3 770

c) 97 · 3

d) 8 · 9

f) 70 · 20

h) 847 : 7

i) 296 : 8

j) 7 · 7

| A | D | E | G | L | M | N | O | P | R | S | T | U | W |
|---|---|---|---|---|---|---|---|---|---|---|---|---|---|
| 0 | 5 | 6 | 7 | 9 | 10 | 12 | 15 | 64 | 81 | 180 | 192 | 420 | 720 |

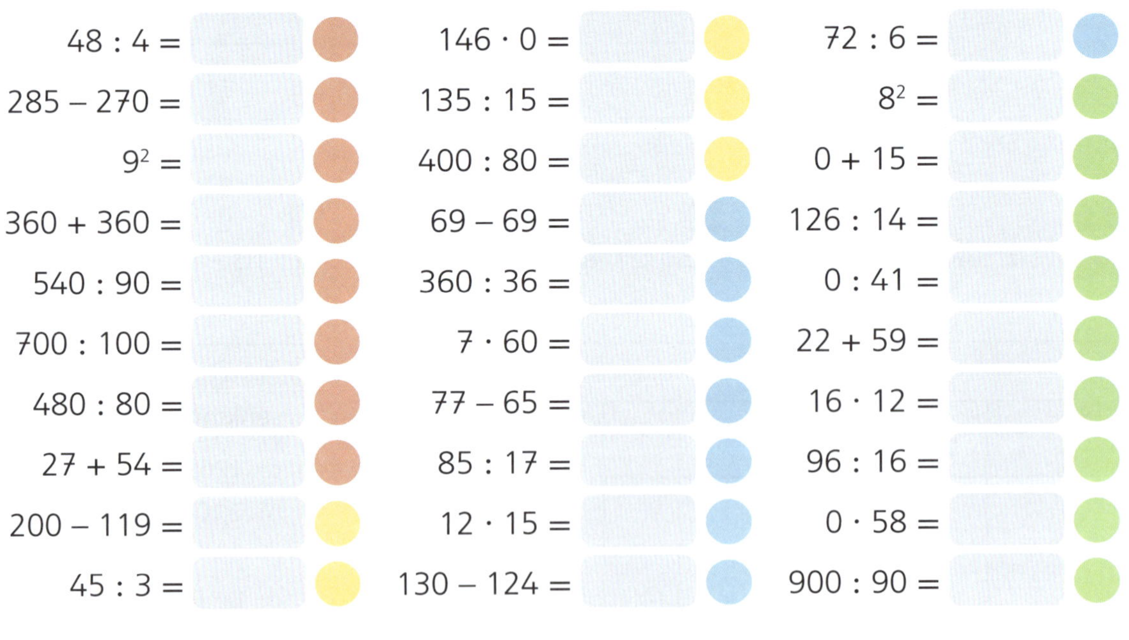

| | | |
|---|---|---|
| $48 : 4 =$ | $146 \cdot 0 =$ | $72 : 6 =$ |
| $285 - 270 =$ | $135 : 15 =$ | $8^2 =$ |
| $9^2 =$ | $400 : 80 =$ | $0 + 15 =$ |
| $360 + 360 =$ | $69 - 69 =$ | $126 : 14 =$ |
| $540 : 90 =$ | $360 : 36 =$ | $0 : 41 =$ |
| $700 : 100 =$ | $7 \cdot 60 =$ | $22 + 59 =$ |
| $480 : 80 =$ | $77 - 65 =$ | $16 \cdot 12 =$ |
| $27 + 54 =$ | $85 : 17 =$ | $96 : 16 =$ |
| $200 - 119 =$ | $12 \cdot 15 =$ | $0 \cdot 58 =$ |
| $45 : 3 =$ | $130 - 124 =$ | $900 : 90 =$ |

Der ________ ________ ________ erreichte

mit seinem ________ am 15.12.1911 als Erster den Südpol.

**1** 23 750 : 50 =

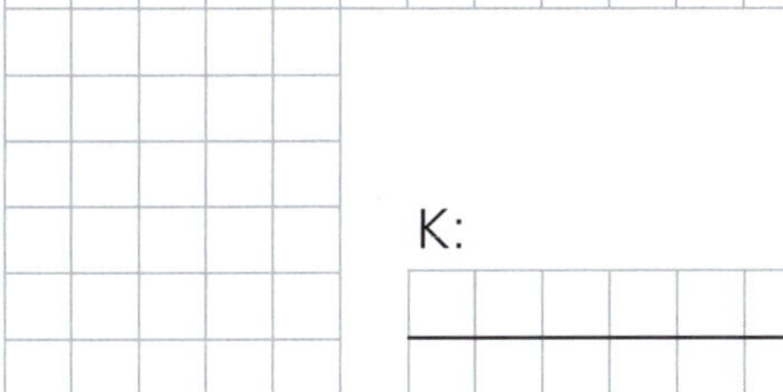

K:

**2** 12 762 : 18 =

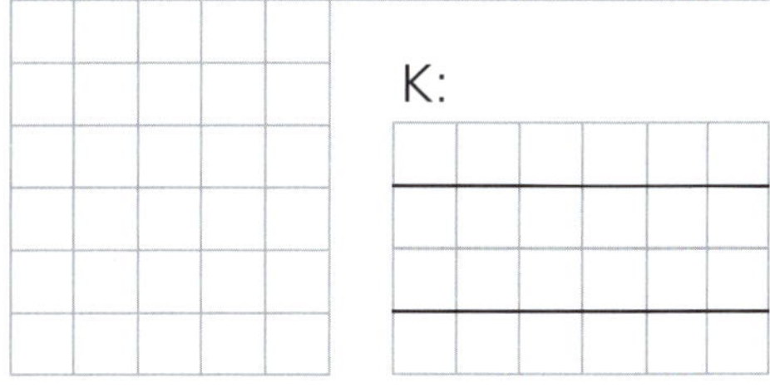

K:

**3** $7 \cdot 12 + 45 =$

**4** $720 : 10 + 58 =$

**5** $13 \cdot 16 + 10^2 =$

**6** $450 - 17 \cdot 5 =$

**7** $630 : 90 + 2^2 =$

**8** $62 + 8 \cdot 15 =$

**9** 25 € – 16 € 70 ct

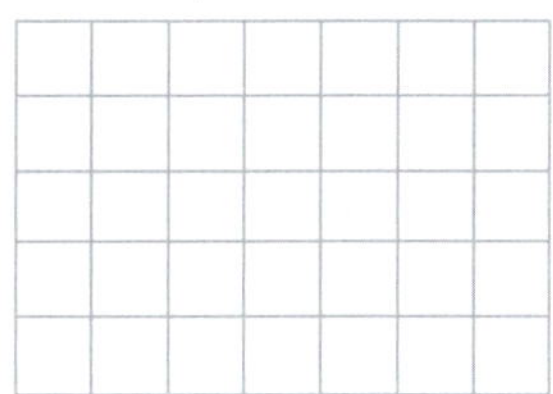

**10** 8 500 g – 6 kg 19 g

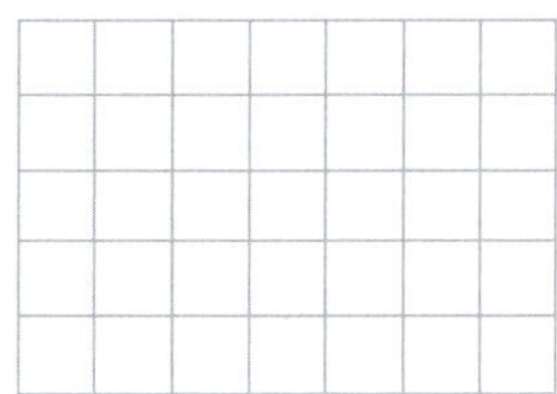

**11** 9 m 44 cm – 3,59 m

**12**

| | | | | | |
|---|---|---|---|---|---|
| a 9 | b 8 | ■ | c | d | e |
| f | | g | ■ | h | |
| ■ | i | | j | | ■ |
| k | ■ | l | | | m |
| n | o | | | ■ | |
| | | ■ | p | q | |
| ■ | r | | ■ | s | |

**waagerecht:**

a) $7 \cdot 14$

c) $12^2$

f) 48 + 93

h) 96 : 8

i) $4 \cdot 500 + 5 \cdot 5$

l) $10^4 - 419$

n) 3 306 + 2 800

p) 1 000 – 685

r) $9^2$

s) 164 – 97

**senkrecht:**

a) $7 \cdot 13$

b) 243 + 599

d) 2 358 + 1 800

e) $6 \cdot 7$

g) 700 + 390

j) 5 000 – 2 437

k) $13^2$

m) $90 \cdot 13 - 13$

o) $16 \cdot 8$

q) 144 : 9

# Mathe-fit-Test 5

**1**

$5 \cdot 17 =$

$3 \cdot 19 =$

$7 \cdot 15 =$

$4 \cdot 14 =$

**2**

$9 \cdot 60 =$

$6 \cdot 80 =$

$8 \cdot 30 =$

$5 \cdot 90 =$

**3**

$360 : 40 =$

$2\,400 : 6 =$

$140 : 20 =$

$5\,600 : 70 =$

**4** 6 kg 250 g – 860 g – 1,500 kg – 50 g = ______________

**5** 20 m – 532 cm – 6,25 m – 76 cm = ______________

**6** 5 km 30 m – 2 700 m – 1 km 500 m – 90 m = ______________

Nr. 4

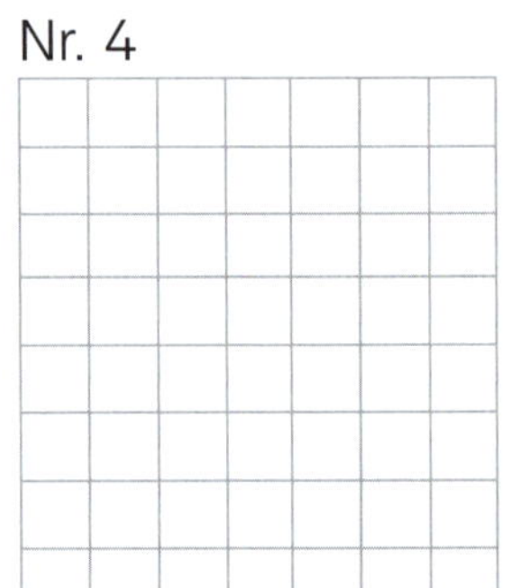

Nr. 5

Nr. 6

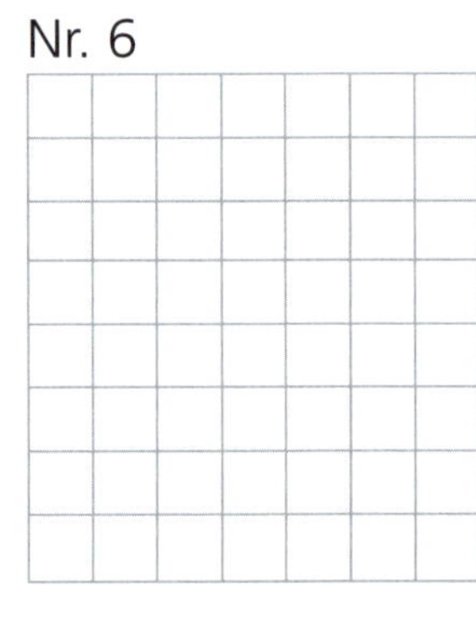

**7**

$7 \cdot 17 + 25 =$

______________

**8** 

$600 - 3 \cdot 16 =$

______________

**9**

$480 : 8 + 9 \cdot 13 =$

______________

**10**

5 1 0 4 2 0 : 6 0 =

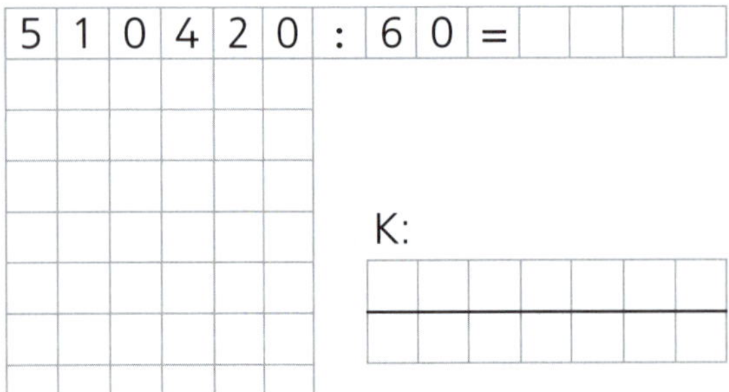

K:

**11**

4 5 8 3 8 : 1 3 =

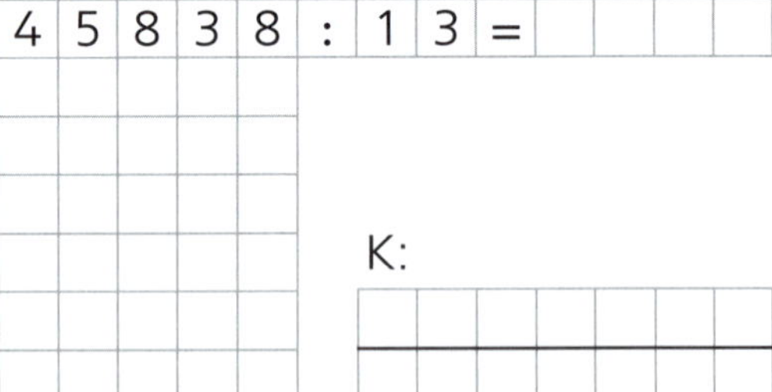

K:

**12** 

$14 \cdot 18 =$

______________

**13**

$16 \cdot 19 =$

______________

**14**

$17 \cdot 13 =$

______________



Du hast ☐ Aufgaben richtig gelöst.

Wandle in Minuten um.

**1** 3 h 15 min = ______

3 · 60 + 15

**2** 5 h 7 min = ______

**3** 7 h 20 min = ______

**4** 9 h 35 min = ______

**5** 10 h 45 min = ______

**6** 6 h 48 min = ______

**7** 1 h 59 min = ______

**8** 11 h 40 min = ______

Wandle in Stunden und Minuten um.

**9** 217 min = ______

3 · 60 + 37

**10** 175 min = ______

**11** 97 min = ______

**12** 500 min = ______

**13** 339 min = ______

**14** 563 min = ______

**15**

| Anfang | Dauer | Ende |
|---|---|---|
| 8.45 Uhr | 2 h 30 min | |
| 14.20 Uhr | 4 h 46 min | |
| 22.34 Uhr | 3 h 17 min | |
| 7.48 Uhr | | 9.25 Uhr |
| 17.55 Uhr | | 23.10 Uhr |
| 0.18 Uhr | | 6.35 Uhr |
| | 3 h | 17.50 Uhr |
| | 2 h 10 min | 23.20 Uhr |
| | 4 h 30 min | 6.41 Uhr |

**16**

60 s = 1 min ✓

75 s = ______

90 s = ______

120 s = ______

145 s = ______

178 s = ______

180 s = ______

196 s = ______

345 s = ______

**1** 5 h 10 min + 44 min + 3 h 19 min + 10 h 54 min = ____________

**2** 1 h 5 min + 4 h + 3 h 55 min + 6 h 36 min = ____________

**3** 15 h 40 min + 16 min + 8 h 22 min + 37 min = ____________

Wandle in h um, wenn es 60 min oder mehr sind. Vergiss die Kontrolle nicht.

Nr. 1

| | | | | |
|---|---|---|---|---|
| | 5 h | 10 min | | |
| + | | 44 min | | |
| + | 3 h | 19 min | | |
| + | 10 h | 54 min | | |
| | | 1 | | |
| | 18 h | 127 min | | |
| | 20 h | 7 min ✓ | | |

Nr. 2

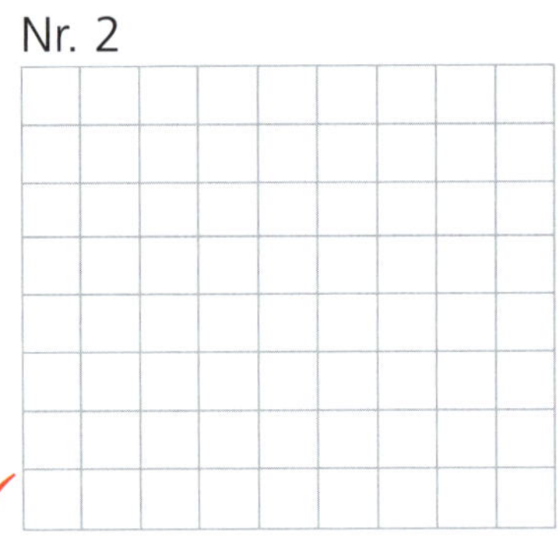

Nr. 3

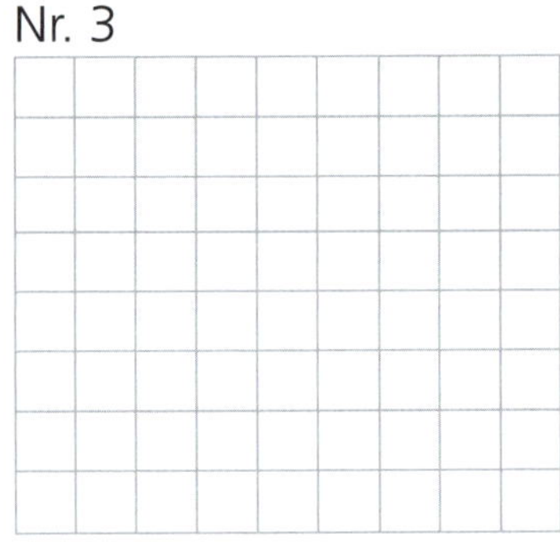

**4** 7 h 39 min + 45 min + 1 h 30 min + 4 h 59 min = ____________

**5** 2 h 44 min + 6 h 28 min + 55 min + 4 h 33 min = ____________

**6** 9 h 11 min + 2 h 14 min + 4 h 7 min + 59 min = ____________

Nr. 4

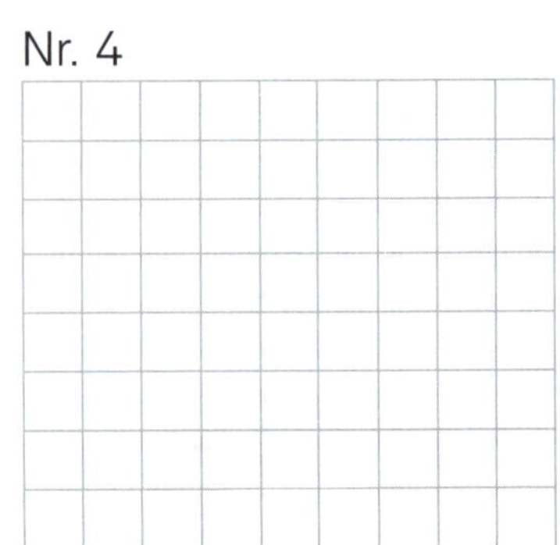

Nr. 5

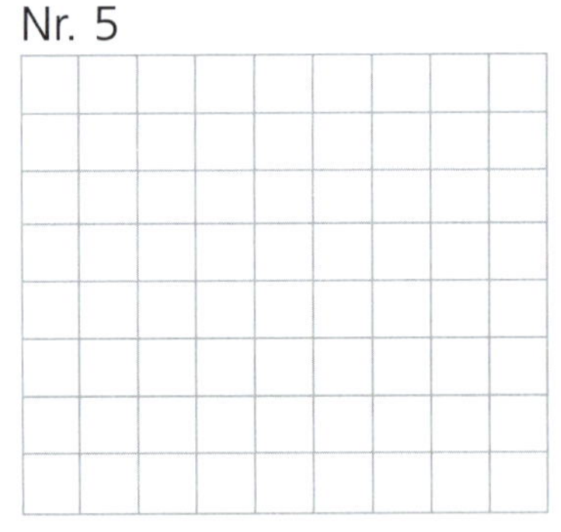

Nr. 6

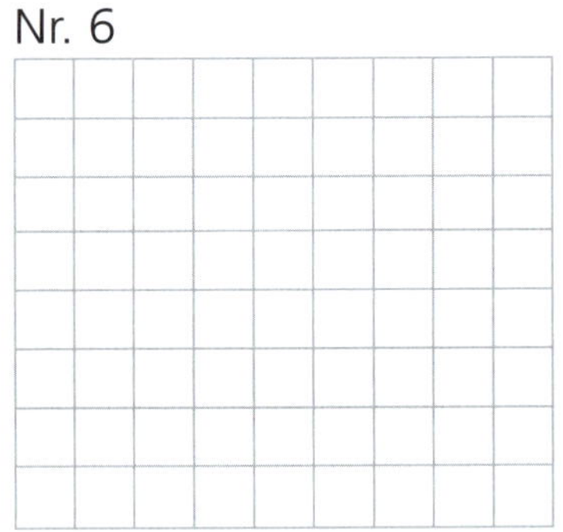

**7**

| Anfang | Dauer | Ende |
|---|---|---|
| 8.48 Uhr | 2 h 17 min | |
| 21.45 Uhr | 4 h 10 min | |
| 22.10 Uhr | | 23.45 Uhr |
| 3.57 Uhr | | 16.27 Uhr |
| | 5 h 40 min | 22.13 Uhr |
| | 1 h 30 min | 17.20 Uhr |

**8**

2 min 15 s = 135 s ✓

4 min 30 s = ______

8 min 50 s = ______

3 min 22 s = ______

12 min 40 s = ______

5 min 19 s = ______

1 3 h 17 min · 5 = 

15h /

6 2 h 21 min – 1 h 45 min = 

141 min -

2 5 h 20 min · 3 = 

7 5 h 30 min – 2 h 27 min = 

3 2 h 45 min · 6 = 

8 4 h 15 min – 3 h 50 min = 

4 7 h 30 min · 4 = 

9 7 h 35 min – 1 h 15 min = 

5 3 h 50 min · 7 = 

10 6 h 10 min – 5 h 42 min = 

11

| Zahl x | 40 | 56 | 160 | 320 | 400 | 440 | | | |
|---|---|---|---|---|---|---|---|---|---|
| $\frac{1}{8}$ x | 5 ✓ | | | | | | 60 | 72 | |
| $\frac{3}{8}$ x | 15 ✓ | | | | | | | | 30 |

12

: 15 = 7
: 60 = 9
: 19 = 6
: 70 = 4
: 16 = 5
: 40 = 8
: 18 = 9
: 30 = 7
: 17 = 6

13

· 25 = 75
· 80 = 320
· 18 = 108
· 34 = 170
· 25 = 150
· 70 = 630
· 19 = 114
· 60 = 480
· 16 = 112

14

– 84 = 120
– 55 = 140
+ 38 = 112
+ 75 = 123
+ 58 = 200
– 39 = 362
– 58 = 120
+ 67 = 156
– 27 = 214

**1**

16,50 € ≈ 17€
5,49 € ≈ 5€
8,35 € ≈ ______
11,69 € ≈ ______
2,59 € ≈ ______
24,90 € ≈ ______

**2**

7,500 kg ≈ 8kg
7,499 kg ≈ 7kg
0,750 kg ≈ ______
1,370 kg ≈ ______
6,800 kg ≈ ______
3,250 kg ≈ ______

**3**

16,50 m ≈ 17m
5,49 m ≈ 5m
19,00 m ≈ ______
12,63 m ≈ ______
7,25 m ≈ ______
3,90 m ≈ ______

**4** Ü: 5 €

11,22 €
– 5,98 €

**5** Ü: ______ €

23,17 €
– 8,77 €

**6** Ü: ______ m

12,90 m
– 8,67 m

**7** Ü: ______ m

70,15 m
– 7,98 m

**8** Ü: 19 €

10,50 €
+ 0,99 €
+ 6,43 €
+ 0,75 €

**9** Ü: ______ €

15,28 €
+ 6,90 €
+ 4,16 €
+ 0,99 €

**10** Ü: ______ m

2,75 m
+ 19,50 m
+ 0,15 m
+ 8,10 m

**11** Ü: ______ m

16,00 m
+ 5,55 m
+ 2,80 m
+ 7,15 m

**12**

| Abfahrt | Fahrzeit | Ankunft |
|---|---|---|
| 4.30 Uhr | 8 h 30 min | |
| 16.15 Uhr | 5 h | |
| 9.40 Uhr | 2 h 20 min | |
| 14.45 Uhr | | 15.30 Uhr |
| 0.20 Uhr | | 10.40 Uhr |
| 10.50 Uhr | | 18.07 Uhr |
| | 5 h | 20.30 Uhr |
| | 6 h 30 min | 24.00 Uhr |
| | 4 h 20 min | 2.30 Uhr |

**13**

1 Tg. = 24 h
2 Tg. 8 h = ______
4 Tg. 3 h = ______
3 Tg. 10 h = ______
6 Tg. 5 h = ______
10 Tg. 9 h = ______
8 Tg. 5 h = ______
5 Tg. 11 h = ______
7 Tg. 7 h = ______

**1** 4 Tg. 3 h + 1 Tg. 8 h + 5 Tg. 10 h + 23 h = ______________

**2** 2 h 51 min + 38 min + 6 h 10 min + 10 h 42 min = ______________

**3** 20 min 30 s + 4 min 45 s + 9 min 12 s + 48 s = ______________

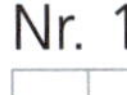

Nr. 1

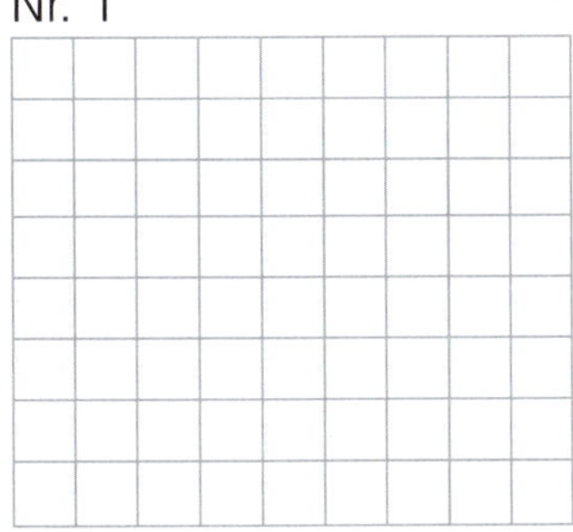

Nr. 2

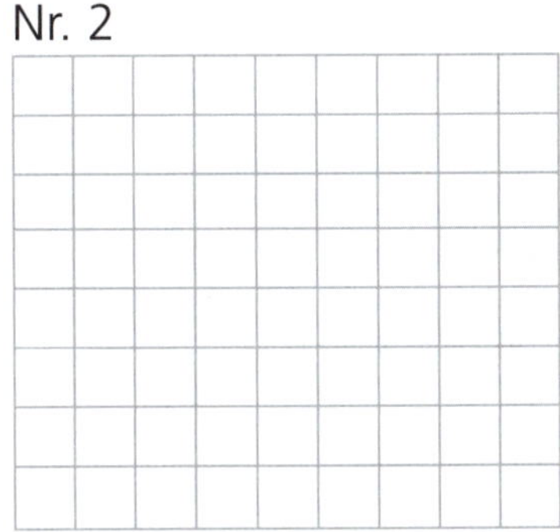

Nr. 3

**4**
6 Tg. 7 h · 3 = 

______________

**5**
7 min 9 s · 6 = 

______________

**6**
8 h 12 min · 4 = 

______________

**7**
6 Tg. 5 h – 4 Tg. 9 h = 

______________

**8**
3 Tg. 8 h – 1 Tg. 10 h = 

______________

**9**
5 Tg. 2 h – 4 Tg. 8 h = 

______________

**10**

| | | | | | |
|---|---|---|---|---|---|
| a 1 | 1 | b 9 | ■ | c | d |
| | ■ | e | f | | |
| g | h | | | ■ | |
| i | | ■ | j | k | ■ |
| ■ | l | m | ■ | n | o |
| p | ■ | q | r | | |
| s | | | | ■ | t |

**waagerecht:**

a) 7 · 17
c) $8^2$
e) 1116 · 2
g) 3 250 + 2 250
i) 2 · 32
j) 6 · 8
l) 4 · 9
n) 6 · 4
p) 56 : 7
q) 3 000 – 1 755
s) 542 · 2
t) 54 : 9

**senkrecht:**

a) 426 + 830
b) 460 + 460
c) 7 · 9
d) 214 · 2
f) 2 · 102
h) 212 + 331
k) 1 000 – 176
m) 2 · 309
o) 228 · 2
p) $9^2$
r) 6 · 4

1 Ü: 1 €

```
  16,28 €
– 14,99 €
```

2 Ü: €

```
  17,16 €
–  4,77 €
```

3 Ü: m

```
  12,50 m
–  9,67 m
```

4 Ü: m

```
  152,90 m
–  78,15 m
```

5 12 kg – 7600 g – 3 kg 78 g – 125 g =

6 6 km 270 m – 45 m – 2 km 450 m – 1,750 km =

7 50 € – 19 € 50 ct – 6,90 € – 670 ct =

Nr. 5

Ü:

Nr. 6

Ü:

Nr. 7

Ü:

8 6 kg 360 g : 2 =

9 12,60 € : 3 =

10 3 h 24 min : 6 =

11 8 km 56 m : 4 =

12 18,72 m : 9 =

13 9,50 € · 5 =

14 1,250 kg · 4 =

15 450 m · 8 =

16 3 h 30 min · 7 =

17 2 km 800 m · 6 =

18

| Zahl a | 350 | 250 | 150 | | 490 | | 450 | |
|---|---|---|---|---|---|---|---|---|
| $\frac{1}{2}$ a | 175 | | | 136 | | 285 | | 365 |

**1**

| Start | Dauer | Ende |
|---|---|---|
| 7.48 Uhr | 2 h 16 min | |
| 3.24 Uhr | 4 h 30 min | |
| 19.30 Uhr | 8 h 45 min | |
| 8.20 Uhr | | 12.30 Uhr |
| 21.10 Uhr | | 0.40 Uhr |
| 16.35 Uhr | | 18.18 Uhr |
| | 2 h 30 min | 17.10 Uhr |
| | 5 h 10 min | 4.30 Uhr |
| | 5 h 5 min | 10.20 Uhr |

**2**

50 h = ___ Tg. ___ h

100 h = ___ Tg. ___ h

130 h = ___ Tg. ___ h

160 h = ___ Tg. ___ h

90 min = ___ h ___ min

320 min = ___ h ___ min

150 min = ___ h ___ min

562 min = ___ h ___ min

446 min = ___ h ___ min

**3** Ü: ______

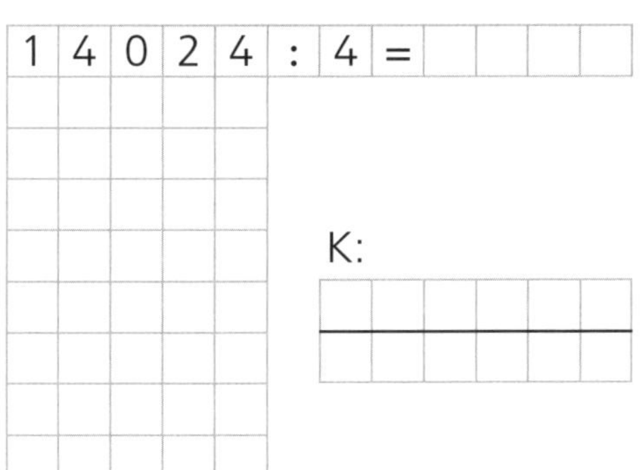

1 4 0 2 4 : 4 =

K:

**4** Ü: ______

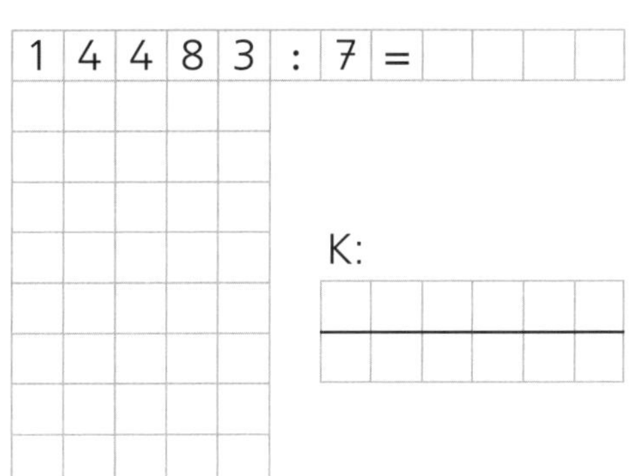

1 4 4 8 3 : 7 =

K:

**5** 615 – 8 · 70 = ___

**6** 6 · 19 + 96 = ___

**7** 123 – 420 : 6 = ___

**8** 3 · 25 + 180 : 6 = ___

**9** 930 – 90 · 9 = ___

**10** 720 : 8 + 7 · 17 = ___

| A | D | E | G | I | L | M | N | O | R | S | T | U | SCH |
|---|---|---|---|---|---|---|---|---|---|---|---|---|---|
| 0 | 1 | 7 | 10 | 16 | 43 | 68 | 81 | 136 | 144 | 343 | 400 | 560 | 732 |

| | | |
|---|---|---|
| 76 – 76 = ☐ | 560 : 80 = ☐ | 117 – 36 = ☐ |
| 120 + 223 = ☐ | 160 : 10 = ☐ | 480 : 48 = ☐ |
| 50 · 8 = ☐ | 81 – 38 = ☐ | 4 · 17 = ☐ |
| 2 · 72 = ☐ | 0 · 68 = ☐ | 84 : 12 = ☐ |
| 68 + 68 = ☐ | $12^2$ = ☐ | 300 – 219 = ☐ |
| $3^4$ = ☐ | 19 + 49 = ☐ | 366 + 366 = ☐ |
| 0 : 37 = ☐ | $7^3$ = ☐ | 17 · 4 = ☐ |
| 7 · 80 = ☐ | 800 : 2 = ☐ | 34 · 4 = ☐ |
| $20^2$ = ☐ | 178 – 34 = ☐ | 810 : 10 = ☐ |
| 28 + 53 = ☐ | 8 · 17 = ☐ | 217 – 216 = ☐ |

Nach einer über 386 000 km langen Reise betrat der amerikanische

☐☐☐☐☐☐☐☐☐ ☐☐☐☐ ☐☐☐☐☐☐☐☐☐ am

am 21. Juli 1969 als erster ☐☐☐☐ den ☐☐☐☐.

**1** 1 h 29 min ≈ 1 h ✓
1 h 30 min ≈ 2 h ✓
3 h 16 min ≈ ____
2 h 40 min ≈ ____

**2** 4 h 30 min ≈ ____
4 h 29 min ≈ ____
6 h 4 min ≈ ____
6 h 40 min ≈ ____

**3** 7 h 50 min ≈ ____
7 h 25 min ≈ ____
2 h 29 min ≈ ____
5 h 30 min ≈ ____

**4** 6 h 27 min – 45 min – 2 h 50 min – 1 h 13 min = ________

**5** 9 h – 3 h 30 min – 56 min – 1 h 27 min = ________

**6** 4 h 10 min – 15 min – 1 h 45 min – 59 min = ________

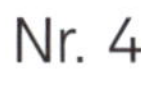

Nr. 4

Ü: ________

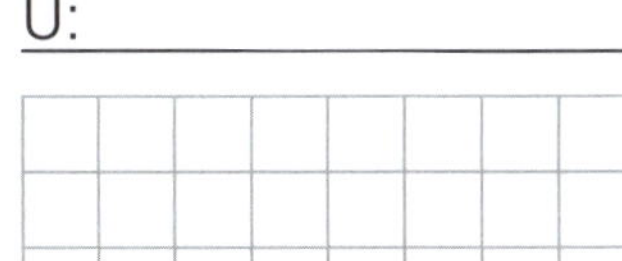

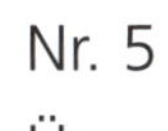

Nr. 5

Ü: ________

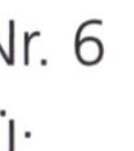

Nr. 6

Ü: ________

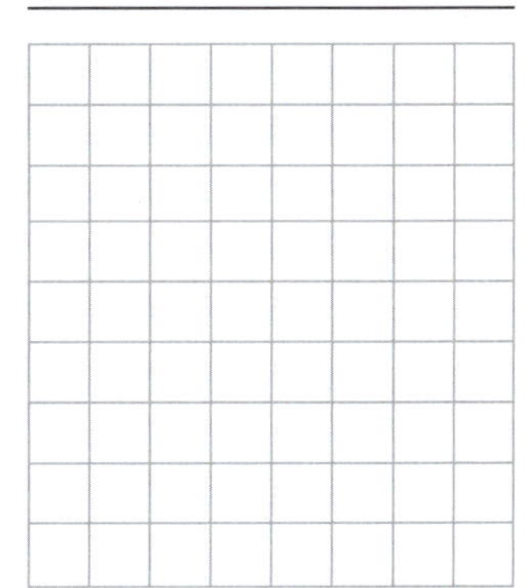

**7** 4 Tg. 5 h · 7 = ____

________

**8** 9 h 20 min · 5 = ____

________

**9** 5 min 12 s · 4 = ____

________

**10** 8 Tg. 3 h · 6 = ____

________

**11** 6 Tg. 10 h · 3 = ____

________

**12** 7 min 8 s · 9 = ____

________

**13**

| Zahl z | 42 | 120 | 300 | | | 150 | | | |
|---|---|---|---|---|---|---|---|---|---|
| $\frac{1}{6}$ z | 7 ✓ | | | 15 | 60 | | 17 | 45 | |
| $\frac{5}{6}$ z | 35 ✓ | | | | | | | | 150 |

# Mathe-fit-Test 6

**1**

| Anfang | Dauer | Ende |
|---|---|---|
| 23.40 Uhr | 2 h 20 min | |
| 20.15 Uhr | 8 h | |
| 14.30 Uhr | 12 h 40 min | |
| 22.00 Uhr | | 5.20 Uhr |
| 23.55 Uhr | | 0.40 Uhr |
| 6.35 Uhr | | 12.05 Uhr |
| | 6 h | 4.30 Uhr |
| | 3 h 30 min | 2.15 Uhr |
| | 4 h 5 min | 11.25 Uhr |

**2**

150 min = ___ h ___ min

60 h = ___ Tg. ___ h

172 s = ___ min ___ s

50 Tg. = ___ Wo. ___ Tg.

327 min = ___ h ___ min

180 h = ___ Tg. ___ h

99 s = ___ min ___ s

45 Tg. = ___ Wo. ___ Tg.

75 min = ___ h ___ min

**3** 35 € – 12 € 50 ct – 75 ct – 7,99 € = ____________

**4** 16 kg – 395 g – 5 kg – 6,333 kg = ____________

**5** 7 h – 1 h 30 min – 38 min – 2 h 15 min = ____________

Nr. 3

Ü: ____________

Nr. 4

Ü: ____________

Nr. 5

Ü: ____________

**6**

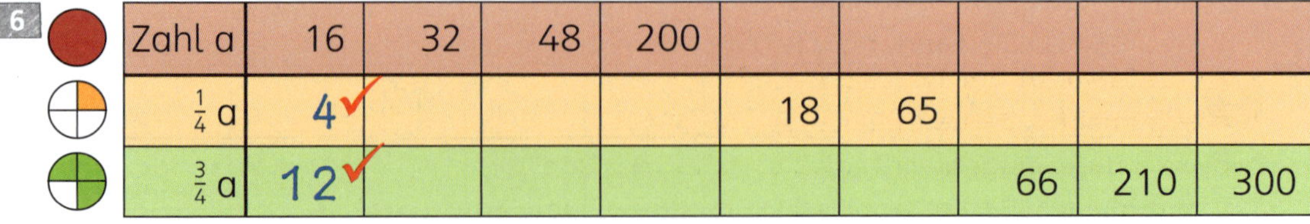

| Zahl a | 16 | 32 | 48 | 200 | | | | | |
|---|---|---|---|---|---|---|---|---|---|
| $\frac{1}{4}$ a | 4 ✓ | | | | 18 | 65 | | | |
| $\frac{3}{4}$ a | 12 ✓ | | | | | | 66 | 210 | 300 |



Du hast ☐ Aufgaben richtig gelöst.